I0089504

Su Vida en Mí

VIVIENDO BAJO SU GRACIA

JULISSA IMBERT

Editorial Güipil

Para otros materiales, visítanos en:
EditorialGuipil.com

© 2021 por Julissa Imbert
Todos los derechos reservados

Publicado por **Editorial Güipil**
Miami, FL - Charlotte, NC. Estados Unidos de América

Reservados todos los derechos. Ninguna porción ni parte de esta obra se puede reproducir, ni guardar en un sistema de almacenamiento de información, ni transmitir en ninguna forma por ningún medio (electrónico, mecánico, de fotocopiado, grabación, etc.) sin el permiso previo de los editores, excepto para breves citas y reseñas.

Esta publicación contiene las opiniones e ideas de su autor. Su objetivo es proporcionar material informativo y útil sobre los temas tratados en la publicación. Se vende con el entendimiento de que el autor y el editor no están involucrados en la prestación de servicios financieros, de salud o cualquier otro tipo de servicios personales y profesionales en el libro. El lector debe consultar a su consejero personal u otro profesional competente antes de adoptar cualquiera de las sugerencias de este libro o extraer deducciones de ella. El autor y el editor expresamente niegan toda responsabilidad por cualquier efecto, pérdida o riesgo, personal o de otro tipo, que se incurre como consecuencia, directa o indirectamente, del uso y aplicación de cualquiera de los contenidos de este libro.

Versículos bíblicos indicados con NVI han sido tomados de la Santa Biblia, Nueva Versión Internacional, NVI. ©1999 por Bíblica, Inc. Usado con permiso de Zondervan. Todos los derechos reservados mundialmente. www.zonderban.com.
Versículos bíblicos indicados con RV60 han sido tomados de la Santa Biblia, versión Reina Valera 1960. ©1960 Sociedades Bíblicas en América Latina; ©renovado 1988 Sociedades Bíblicas Unidas. Utilizado con permiso. Reina Valera 1960© es una marca registrada de la American Bible Society.
Versículos bíblicos indicados con NTV han sido tomado de la Santa Biblia, Nueva Traducción Viviente, © Tyndale House Foundation 2008, 2009, 2010. Usado con permiso de Tyndale House Publishers, Inc., 351 Executive Dr., Carol Stream, IL 60188, Estados Unidos de América. Todos los derechos reservados.

Editorial Güipil

Editorial Güipil. Primera edición 2021
www.EditorialGuipil.com

ISBN: 978-1-953689-16-0

Categoría: Crecimiento Personal / Vida práctica / Inspiración

Dedicatoria

A la persona del Espíritu Santo que me dio a conocer el verdadero sentido y significado de la vida.

A mi amigo, Osvaldo Gómez (QEPD), que aunque no está con nosotros en vida, fue un amigo y hermano desde mi adolescencia. Al darle su vida a Dios impactó muchas vidas, incluyendo la mía, y también fue instrumento en las manos de Dios.

Agradecimientos

A mi familia, la cual ha sido mi inspiración y que ha sido un instrumento de Dios para formar Su corazón en mí y enseñarme a amar como Él ama. También por ser un regalo muy preciado de parte de Dios.

A mis hijas, por ser valientes aun en momentos difíciles y de crisis, como también en momentos en los que no han entendido toda la realidad de Dios en nuestras vidas pero que han confiado en lo que Dios ha hecho y en donde han experimentado la bondad de Dios en sus vidas.

Así como también agradezco a cada una de las personas que han sido parte de mi vida en algún momento.

Agradezco a mis padres, ya que, al traerme al mundo, nunca imaginaron todo lo que podría haber en el corazón de Dios para con mi vida.

De la misma forma agradezco a cada persona que Dios fue añadiendo a mi vida y que han sido de gran impacto y bendición a través de su guía y apoyo en mi caminar con Dios; como también a mis compañeros, pastores, líderes que forman parte de la casa en la que me congrego y nuestros apreciados apóstoles Ben y Teresa Paz. Mi más alta admiración y agradecimiento a ellos que, aunque no tomaron parte en la elaboración de este libro, han sido personas importantes que si forman parte de lo que ha sido mi caminar y crecimiento como parte de la historia que Dios ha escrito en mí. Personas que a través han colaborado para el plan de Dios para mi vida y la de muchos.

Así como también agradezco a cada persona que ha sido un instrumento en las manos de Dios y así han dado vida a lo que Él ha preparado tanto para mí como a través de mí.

Quiero también agradecer a mi amiga y pastora, Isabel Gómez, por impactar mi vida desde mis comienzos como cristiana y ser clave en cada etapa de mi vida como ejemplo de fe y perseverancia.

A ti, que hoy te haces parte de mi historia, quiero agradecerte por acompañarme a conocer el corazón de un Padre que anhela encontrarnos y ser descubierto como el Autor que escribe cada una de nuestras historias. Un Padre cuyo corazón es despertar el fervor ardiente de un corazón que pueda ir descubriendo su vida en Él.

Y el que estaba sentado en el trono dijo: He aquí, yo hago
nuevas todas las cosas. Y me dijo: Escribe; porque estas
palabras son fieles y verdaderas.
Y me dijo: Hecho está. Yo soy el Alfa y la Omega, el principio
y el fin. Al que tuviere sed, yo le daré gratuitamente de la
fuente del agua de la vida.
El que venciere heredará todas las cosas, y yo seré su Dios,
y él será mi hijo.

Apocalipsis 21:5-7 (RVR60)

Introducción

De tras de cada vida hay una historia que contar. Hoy quiero darte a conocer la mía. Una historia de redención en donde el amor y la gracia de Dios se hizo visible en uno de los momentos más frágiles de mi vida. Mi historia relata cómo Dios a través de Su gracia puede llevar una vida de lo ordinario a lo extraordinario, en el momento que le permitimos que escriba nuestra historia, momento en el decidimos abrazar la vida de Dios, allí comenzamos a vivir Su vida.

A través de mi historia conocerás cómo en ese momento frágil de mi vida en el cual yo tomé la decisión de caminar de la mano de Dios, Él me llevó a descubrir cosas que yo no conocía. Me remonto a Mateo 26:39, en el que Jesús también estaba en el momento quizás más frágil de su vida; orando al Padre, dice; «Padre mío, si es posible, pase de mí esta copa; pero no sea como yo quiero, sino como tú». Jesús estaba a punto de morir; pero decidió confiar y hacer la voluntad del Padre, para luego convertirse en el mayor regalo de amor de Dios para la humanidad. Siendo ese el momento que define no solo mi vida, sino también el destino y la de toda la humanidad.

En mi historia conocerás lo que significa rendirnos a los pies de la cruz, lugar en donde mi vida cobró el poder de Su resurrección, ese lugar en el que Dios me encontró, en el que no solo decido seguirlo, sino que, al permanecer en Él, empiezo a descubrir Su vida en mí. Mi historia también es testimonio de lo que es descubrir el corazón de Dios como Padre desde el inicio y principio de la creación, como también lo que encierra Su realidad.

Quiero invitarte a que me acompañes a través de estas páginas, en las que más que contar mi historia, mi corazón es que puedas conocer la esperanza a la que hemos sido llamados a vivir. Que a través de las cosas que aquí te comparto puedas experimentar encontrarte con Él, Aquel que es el principio y el fin, fiel y verdadero. Que aun cuando hayas escuchado hablar o conocer de Dios, puedas recibir una revelación nueva de lo que es el corazón de un Padre que nos conoce y que ha soñado con nosotros aun antes de nuestro nacimiento, lo que es y ha sido el corazón de Dios desde el principio de la creación y a través de Jesús, Dios encarnado, siendo Jesús sacrificio vivo y perfecto plan del Padre que dio su vida por la humanidad misma. Que a través de Su poder de resurrección y vida pueda hacerse visible en tu vida.

Es mi oración que, al leer, Dios te pueda llevar a nueva revelación de su grandeza y puedas ver, no solo lo que ha hecho en mí, sino lo que puede estar a punto de hacer en ti. Que puedas tener un encuentro con su amor y su gracia y puedas descubrir como el anhela ser en todo momento el Autor de tu historia.

"Dios los salvó por su gracia cuando creyeron. Ustedes no tienen ningún mérito en eso; es un regalo de Dios. La salvación no es un premio por las cosas buenas que hayamos hecho, así que ninguno de nosotros puede jactarse de ser salvo. Pues somos la obra maestra de Dios. Él nos creó de nuevo en Cristo Jesús, a fin de que hagamos las cosas buenas que preparó para nosotros tiempo atrás."

Efesios 2: 8-10 (NTV)

Contenido

Introduccion

Capítulo I

Capítulo II

Capítulo III

Capítulo IV

Capítulo V
Capítulo VI

Capítulo VII

CAPÍTULO I

ENTRANDO EN UNA NUEVA REALIDAD

Toda persona tiene un concepto o una idea sobre Dios y algunos creen conocer claramente cómo es Él. Puede que otros hayan escuchado que hay un Dios, pero ignoran que es posible conocerlo a un nivel personal.

Quiero empezar este libro por compartirte un poco de mí historia y cómo mi relación con Dios se ha fortalecido con los años, porque más adelante voy a describir algunos conceptos relacionados a la gracia divina y la fuente de estos pensamientos.

MI HISTORIA

Nací y crecí en la República Dominicana, tierra de sol radiante, hermosas playas, y gente muy cálida. La ciudad de Santo Domingo fue mi cuna y testigo de una niñez hermosa de la que tengo recuerdos muy especiales. Mis padres se unieron en matrimonio a una edad muy temprana y me tuvieron al poco tiempo de casados. Durante los primeros años de mi vida, mis padres vivían con mis abuelos y tías paternas ya que disponían de una casa grande. Siendo la única bebé en ese hogar, disfruté de un amor y cuidado especial por todos ellos. No solo recuerdo ser tan amada por las personas que vivían conmigo desde pequeña, sino

17

que también siempre disfruté haber sido tan amada por las personas cercanas a mí, a lo largo de mi vida. A pesar de ser así, no todos los recuerdos fueron perfectos o felices porque hubo sucesos en mi vida que de alguna manera me afectaron y que yo no entendí sino hasta ser adulta. Sé que todos en algún momento de nuestra vida podemos experimentar algo que no es de agrado.

Recuerdo la separación de mis padres cuando tenía alrededor de seis años. No lograba entender lo que ocurría, solo sabía que mi papá había decidido viajar a los Estados Unidos y establecer allí su residencia de manera indefinida. Sin entender lo que ocurría a mi alrededor, a mi corta edad sentía preocupación por él y en una ocasión le envié una carta con unas pocas monedas adentro. Me imagino que mi corazón ingenuo pesaba mucho al no saber si él estaba bien o tenía alguna necesidad. A pesar del divorcio de mis padres seguí sintiéndome muy amada; mi mamá y mi papá siempre mantuvieron una buena relación y nunca me faltó el cuidado de todos los que me rodeaban.

Con el tiempo, mi madre se abrió camino e hizo una carrera universitaria con la que tuvo la oportunidad de obtener un trabajo como secretaria ejecutiva en una compañía muy reconocida en nuestro país de origen, y con la ayuda de su padre alquiló su primera casa. Más adelante alcanzó su primer logro al ser propietaria de un modesto y hermoso apartamento en la calle Hatuey, donde viví inolvidables momentos de mi adolescencia. En ese tiempo también mis primos, Marlen y José, hijos de mi tía Georgina, vivían conmigo ya que mi madre decidió hacerse cargo de ellos por una temporada para aliviar la carga de su hermana que se había ido a EEUU en busca de mejores oportunidades. Años más tarde ellos volvieron a reencontrarse con su madre para vivir con ella permanentemente en EEUU. Entonces volví a quedar como la hija única en el hogar.

Aunque tuve una infancia muy feliz y en la que me sentía muy amada, fue en mi adolescencia donde empecé a experimentar por primera vez una gran necesidad de amor y sentir algunas veces un gran vacío que no podía entender; y que sin saberlo, trataba de llenar con la compañía de mis amigas que se convirtieron en mis confidentes y con las que compartí muchos momentos especiales. Ellas eran para mí como mis hermanas y mi gran apoyo, solíamos pasar mucho tiempo juntas, disfrutaba cada momento en que juntas planeamos actividades. Con frecuencia caminábamos solo para deleitarnos con un helado combinado de chocolate y vainilla, acompañado por unos churros calientes hechos de harina, fritos en aceite y envuelto en azúcar. Ellas conocían las cosas más íntimas de mi vida y uno de mis sueños más deseados: tener a alguien que me amara.

Mi corazón sufrió decepción en varias ocasiones, con cada relación sentimental que intentaba tener, por alguna razón, nunca surgía algo serio y mi corazón de adolescente se rompía una y otra vez lo que intensificó el vacío que ya había dentro de mí. Esto me llevó a un estado de desorientación, desánimo y tristeza. Yo soñaba con alguien que me amara y con quien pudiera casarme, pero ese sueño parecía estar muy lejos de mi realidad. Ningún intento por tener una relación parecía exitoso. Me caracterizaba siempre por tener un corazón muy compasivo, por igual generoso, pero al mismo tiempo carente, aún cuando creí tenerlo todo. Empezaba a descubrir una realidad diferente a la que estaba acostumbrada en la que empezaba a conocer la decepción, la soledad y a entender lo diferente que era la vida fuera del castillo en el que había vivido y en el que disfruté al siempre recibir el cuidado de mi familia.

Desde pequeña desarrollé una gran pasión por el canto, disfrutaba pasar tiempo escuchando canciones y videos musicales. Mi papá fue músico; y desde los cuatro años de edad empezó a enseñarme algunos acordes y melodías de canciones que escuchábamos juntos. Cantar fue siempre uno de mis más preciados sueños que nacieron de la pasión y conocimiento de mi padre por la música. Por muchos años también seguía a una de las agrupaciones musicales latinas bien conocidas internacionalmente The New York Band, y de la cual el líder musical y cantante era mi primo hermano, José, mejor conocido como Cherito, con quien viví por varios años y el cual desde que nací siempre fue alguien muy cercano a mí. Es a mis diecisiete años donde se presentó lo que pensé que era mi gran oportunidad. Mi primo hermano, José, conociendo mi pasión por el canto, le propuso a mi madre que yo formara parte de su grupo. Pero mi madre no lo consideró apropiado para mi corta edad. Eso produjo mucha inconformidad y frustración a mi corazón, la oportunidad de cumplir uno de mis más preciados sueños se convirtió en uno más sin realizar.

En mi corazón siempre clamaba y pedía a Dios que cumpliera uno de mis dos sueños: tener una familia o tener la oportunidad de cantar. Sabía que había un Dios a quién podía pedir cosas. Pero por alguna razón pensaba que Dios solo podría darme un solo sueño. Dios era para mí lo que aprendí durante los años que estuve en el colegio de monjas. Mi familia era católica pero nunca fue una familia consagrada a Dios; la verdad es que no teníamos por costumbre visitar la iglesia todos los domingos, pero sí la creencia de que hay un Dios en los cielos. Yo empecé a visitar la iglesia cuando empecé a sentir la necesidad de algo más.

Siendo muy pequeña hice mi primera comunión gracias a que una de mis tías me llevaba todas las tardes a las clases de catecismo donde empecé a conocer que había un Dios al cual me podía acercar a través de rezos y oraciones. Conocía lo suficiente como para presentar delante de Él mi corazón.

MI MATRIMONIO, UNO DE MIS SUEÑOS

Un tiempo después de haber terminado la secundaria y de intentar realizar varios cursos técnicos universitarios, vi la posibilidad de irme a vivir a los Estados Unidos, en la ciudad de Nueva York, ciudad a la que estaba acostumbrada a viajar y visitar en muchas ocasiones durante los años de mi niñez y adolescencia. Nueva York siempre fue como mi otra casa y ciudad y la cual visitaba durante las vacaciones de verano o navidad, disfrutaba mucho pasar tiempo con mi familia y salir con mis primas. Para ese entonces la gran mayoría de mi familia tanto materna como paterna se había relocalizado a esta ciudad, mi madre y yo éramos unas de las pocas personas de mi familia que todavía vivíamos en Santo Domingo. Esa decisión era un reto importante.

No tenía planes en mi vida, solo tenía algunos sueños que no sabía cómo lograrlos y pensaba que nunca alcanzaría. Mi madre lloró muchísimo al enterarse de mi decisión, ella no veía la necesidad que yo me mudara a otro país, ya que con ella tenía todo lo que podía necesitar. Era obvio que mi decisión no era tomada por carencias o necesidades económicas, pero sí por la necesidad de llenar el vacío emocional que había en mí. En ese tiempo me encontraba experimentando una crisis emocional muy fuerte. Fueron los momentos de tristeza y vacío más intensos de lo que hasta ese momento había vivido. Mi mamá no sabía cómo manejar esa situación y me llevó a ver a una psicóloga.

En una de mis citas, me senté con la doctora en lo que parecía una pequeña sala y allí nos tomamos un té mientras ella hacía preguntas y tomaba notas en un pequeño cuaderno. Ese día ella me preguntó cómo veía mi vida en los próximos diez años, y no le pude responder. No tenía ni idea de qué responder. No tenía visión, ni planes para mi futuro. Este viaje a diferencia de los otros significaba para mí el inicio de algo nuevo. Provocó expectativas en mi corazón de abrazar nuevas oportunidades, ni siquiera tenía idea de lo que estaría haciendo al llegar a los EE. UU., pero estaba decidida a cambiar de lugar y que eso produjera un cambio dentro de mí.

Unos meses antes de la fecha de mi viaje a New York, visité la casa de mi amiga, Marilyn, para una de nuestras acostumbradas reuniones. En esa reunión me encontré con Junior, un amigo de Marilyn a quien no veía por algunos años. Junior y yo asistíamos a la misma escuela intermedia y dejé de verlo porque se mudó a los EE. UU. con su familia. En esa ocasión estuvo de paseo por una temporada.

Cuando nos vimos, sentí algo muy especial en mi corazón, y él también empezó a sentir lo mismo. Fue una conexión muy inusual que dio inicio a una relación de amistad muy cercana la cual se convirtió en poco tiempo en una relación amorosa muy especial. Mi corazón se llenó de muchas expectativas, ya no solo tenía el reto de vivir en un nuevo lugar, sino que sentía que el amor había llegado a mi vida. En mi corazón, él se convirtió en una de las razones para permanecer en Nueva York. Nunca pensé que a mis diecinueve años estaría realizando uno de los dos más preciados anhelos de mi corazón. En ningún momento consideré si tenía o no la suficiente madurez para casarme, solo sabía que unos de mis sueños se cumplían; mi corazón se llenaba de gran emoción. Al pasar los años tuvimos tres niñas de nombres Dorlis, Doriann y Darah.

MANTENIENDO
EL COMPROMISO MATRIMONIAL

Mi esposo y yo siempre mantuvimos una familia llena de mucho amor. Mi esposo fue un hombre esforzado, tenía hasta dos trabajos. Él hacía lo que fuese necesario para compartir con sus hijas, las llevaba a la escuela y siempre estaba pendiente de apoyarlas en diferentes actividades. Por muchos años ambos luchamos por mantener nuestra familia y por salir adelante, pero al mismo tiempo nos vimos afectados por nuestra inestabilidad emocional y falta de madurez, lo que pienso pudo ser a raíz de experiencias y vivencias a lo largo de nuestras vidas. En mi caso, mi inmadurez, falta de experiencia y carácter no me permitieron manejar mejor mi rol de esposa y tampoco nuestra relación de familia. En ocasiones intentamos buscar la ayuda que creíamos necesitar, pero nada fue concreto o permanente, de alguna manera buscábamos soluciones y respuestas a nuestras situaciones en cosas externas sin detenernos a pensar que lo primero que debíamos mirar está en nuestro interior.

En la vida no siempre se nos enseña a revisar las heridas que pueden estar ocultas en nuestra alma, como tampoco profundizar en cómo esto puede afectar la vida. En nuestra constante búsqueda de bienestar terminamos siguiendo las costumbres y demandas de este mundo lo cual puede afectar todo lo que es la dinámica familiar y la vida misma. Aun y teniendo nuestra creencia de que existía un Dios en los cielos, ignorábamos que nos faltaba lo más importante: Dios como el centro en la vida de cada uno y como centro de nuestra familia y como la respuesta a las fracturas que se producen dentro de nosotros. Después de muchos años de mantener el compromiso matrimonial se produjo una separación.

Había dado la vida por mi hogar, siempre luché con mis propias fuerzas por ver mi familia estable, en mi corazón sabía que una familia no debía separarse, sino más bien buscar la sanidad que necesita, aun así en ese momento no tenía la capacidad de ayudar a que esa sanidad pudiera producirse, ya que yo misma tenía cosas que sanar y muchas cosas por entender; en ese momento solo podía manejarme con lo que tenía y era el pensar que siendo compasiva, amorosa, más aún confidente y cuidar más allá de mis fuerzas sería suficiente y que todo marcharía bien.

Mirando atrás desde mi adolescencia y aun después de casarme siempre me caractericé por tener un carácter de compasión y comprensión excesiva, lo cual no es saludable; siempre tratando de arreglar lo que creía que podía, sin tomar en cuenta que no todo depende de mí, sino de que también las personas pueden carecer de cierta madurez como también pueden llevar heridas del pasado que consciente o inconscientemente influyen en su presente. Mis decisiones no siempre fueron sabias, entendí que heridas del alma no resueltas afecta la forma en que vivimos y relacionamos.

En medio de mi crisis y separación matrimonial entró a una realidad a la que comienzo a abrir mis ojos y comencé a entender y a conocer la realidad de un Padre que siempre estuvo ahí, pero que no fue hasta ese momento crucial en mi vida, que en su perfecto amor Él intervino, llevando mi vida a un rumbo diferente, haciéndome sensible a su dirección. Me refiero a Dios; en ese momento comencé a recibir la revelación de su paternidad.

Él entró y se mostró en lo que parecía ser una situación sin salida. Aun en medio de lo difícil, dentro de mí sentía algo muy fuerte que me decía que era el inicio de algo nuevo y que sería para bien. No sabía cómo ni de qué forma, pero con seguridad todo lo que empezaba a vivir me llevaba a conocerlo, y al conocerlo me empezaba a descubrir a mí misma.

Mi idea de Dios era la de un Dios lejano, nunca imaginé que estuviera tan cerca, no tenía la certeza de que mis oraciones fueran siempre escuchadas. Pensaba así porque no lo conocía, y esa es la razón por la que muchos, al igual que yo, intentan de todo en sus fuerzas y toman decisiones basándose en lo que piensan que es lo correcto o lo que más les conviene. Eso sin mencionar como muchas personas solo viven el día a día, guiados por sus emociones sin pensar lo que atraen a su vida o cómo afectan la vida de los demás. creo que muchos en alguna etapa de nuestra vida podemos identificarnos con haber vivido algo similar.

Dios no es ajeno a nuestras situaciones. Mirando un poco atrás puedo ver como él ya estaba preparando mi corazón para ese momento de transición y para todo lo que después haría conmigo. Los momentos de crisis pueden ser tiempos de mucha confusión, pero son la oportunidad perfecta para ver lo que Dios puede hacer en una vida y ver cómo Él nos sostiene en medio de lo que parece destruirse. Él se revela poco a poco en medio de lo que ante nuestros ojos puede parecer difícil y así hacer algo nuevo según su soberana voluntad, lo cual siempre será bueno en gran manera. Aun cuando parezca que estemos pasando por un desierto, Él nos sostiene y guía, más aún cuando nos dejamos guiar. Una vez que estamos conscientes de Su amor y Su presencia, Él no solo nos sostiene, sino que nos lleva a experimentar las cosas que ya de antemano preparó para nosotros. La búsqueda de Dios es la búsqueda de la vida misma.

Aunque desde niña creía en Dios, todavía no conocía todo lo que significaba el sacrificio y resurrección de Jesús, no conocía todo lo que la cruz representa en nuestras vidas, ni mucho menos el origen de lo que es la creación y de cómo todo eso está ligado a nuestra existencia, no conocía todo lo que es y encierra la paternidad de Dios; ni todo lo que la Palabra enseña; y que más adelante iba a descubrir y vivir a través de la revelación que Él mismo traería a mi vida.

Como muchos en esta tierra tenía algunas ideas sobre la creación y el origen de la humanidad, lo que se nos enseña en las clases de Ciencias y otras, obviamente durante nuestro desarrollo no todos tenemos la oportunidad de ser enseñados a vivir y crecer bajo el fundamento de aquel del cual se origina la vida y del cual depende nuestra vida. Dios es el centro y el origen de todo lo creado y no fue hasta este punto frágil en mi vida que empiezo a descubrir y a entender quién es Dios y cómo eso impacta y le da sentido a mi vida.

En realidad, antes de esto no tenía conocimiento alguno de esa realidad espiritual que tiene que ver con la humanidad. Muchos hemos escuchado hablar de lo espiritual, pero no es mucho el entendimiento que se tiene sobre esto, como lo es el comenzar por decir que fuimos creados con un cuerpo alma y espíritu. Probablemente como yo, muchos han creído en lo espiritual, pero no lo asocian como algo en lo que caminamos y nos movemos, que es la esencia misma de cómo fuimos creados. Creo que hasta cierto punto nuestras creencias están basadas no solo en lo que aprendemos sino también en nuestras experiencias personales; lo cual puede venir del entorno cultural o social, o de las cosas que escuchamos que otras personas han experimentado, por eso es que muchas veces hemos asociado lo espiritual como algo que puede suceder o manifestarse en lo externo.

Muchas personas dicen: «Sí, yo creo en Dios, oro a Dios», pero no viven en todo el entendimiento de que Dios es parte de nuestra vida y de quien depende la misma. Es por eso que podemos pasar por esta vida y no vivir toda la plenitud que Dios ha diseñado que vivamos. Se necesita ese despertar espiritual al que Dios nos llama a vivir y entender que somos parte de lo que Dios creó desde el principio de los tiempos: de cómo a través del sacrificio de Jesús nosotros recibimos su vida, una vida en la que nos relacionamos con Jesús en todo momento a través del mismo Espíritu Santo y en la que a través de Jesús podemos conocer el corazón del Padre y vivir bajo la voluntad y dirección de Dios para cada una de nuestras vidas. Esto se hizo posible en el momento que Jesús sacrificó su vida para derramar su Espíritu en nosotros y a través de su Espíritu nosotros vivir en una esfera no solo en lo natural, sino también sobrenatural, en la que el poder, el amor, la fuerza, la sabiduría que proviene de Dios puede ser depositada en nosotros.

El Espíritu Santo es el mayor regalo y ofrenda que Dios ha dado a la humanidad. Es vivir espiritualmente unidos al Padre, al Hijo y al Espíritu Santo, y es por medio al Espíritu Santo que Dios nos ha dado acceso a lo celestial. Efesios 2:1-5 lo describe diciendo que en otro tiempo estábamos muertos en nuestras transgresiones por medio a los poderes de este mundo y por causa de seguir nuestra propia voluntad, pero Dios que es rico en misericordia y nos dio vida con Cristo y con Él nos resucitó y nos sentó en los lugares celestiales.

Esto lo describe claramente: cómo antes de vivir en el despertar espiritual en el que nos hacemos sensibles a la presencia y voz de Dios, a través de su Espíritu, nuestras vidas se encuentran en un estado de adormecimiento aún en vida, por causa de nuestras luchas, agonías y todo aquello que no nace de Dios y que como resultado nos acorta la vida.

Pero que a través de la gracia la cual proviene de su Espíritu, Él nos dota de una sabiduría que no es de este mundo, nos lleva a un renacimiento en el cual podemos experimentar la vida que Él produce en nosotros.

De alguna manera u otra todos en la vida hemos sido impactados por algo o por alguien que ha sido de influencia en nuestras vidas y que de alguna forma han marcado o definido nuestra existencia, sea para bien o para mal, cosas que solo podemos identificar cuando vivimos bajo la dirección y conocimiento de Dios, cuando adquirimos la sabiduría divina y caminamos en una relación y comunión con Él. Aún y en el caso en que podemos creer estar bien, tener control y tener todo descifrado en nuestras vidas, la realidad es que, de no ser guiados por Dios, vamos a vivir una vida basada en nuestra propia opinión y entendimiento, siguiendo los patrones de un mundo que nos enseña a sobrevivir y sobrellevar la vida carentes de lo fundamental que el mismo Cristo y viendo nuestras circunstancias o logros como lo que nos valoriza y define nuestra forma de vivir. Es así como terminamos viviendo en engaño, mentiras que nos oprimen y que acostumbramos a percibir como si fuera parte normal de nuestro vivir, viéndolo como una realidad en donde no creemos que algo puede cambiar, dejándonos llevar por todo viento, abrazando como verdad todo lo que escuchamos o conocemos, y sin conocer la verdad: Jesús, que es el camino, la verdad y la vida.

Esto es lo que llamamos velo espiritual, lo cual nos hace vivir con un entendimiento limitado, y no nos deja ver más allá de lo superficial, ni nos permite ver lo que Dios ve. No es hasta que entramos en la relación con Jesús, a través de Su gracia y en el conocimiento de esa realidad espiritual que cada velo que ha segado los ojos de nuestro entendimiento comienza a ser quitado.

En Juan 15:5, Jesús dijo: «Yo soy la vid y ustedes son las ramas. El que permanece en mí, como yo en él, dará mucho fruto; separados de mí no pueden ustedes hacer nada».

Proverbios 9:10 dice: «El comienzo de la sabiduría es el temor del Señor; conocer al Santo es tener discernimiento.»

La vida nace y se encuentra en la sabiduría que proviene del temor al Señor, lo cual significa, reconocer al Señor como el fundamento de todo. El temor a Dios no es más que tener reverencia y amor hacia Él, y al conocerle cada día más tendremos discernimiento, o sea la capacidad de identificar lo que es verdad.

En Juan 10:10 leemos que: «El ladrón no viene sino para hurtar y matar y destruir; yo he venido para que tengan vida, y para que la tengan en abundancia».

En ese tiempo, la gracia de Dios invadía mi vida de una forma inusual, aun cuando siempre creí en Dios realmente me relacionaba con Él según lo que conocía, pero ahora me encontraba viviendo lo que sin entender estaba escrito en Su Palabra.

Recuerdo que volví a contactar a mi amigo Osvaldo, casi un hermano, con quien estudié en la secundaria, pero que por diferentes razones ya siendo adultos, no siempre mantuvimos una comunicación constante, pero quien siempre fue ese hermano que estuvo en momentos claves de mi vida, como lo fue en ese tiempo específico en el que Dios me introducía a todo un despertar. Osvaldo fue un instrumento en las manos de Dios que ayudó a preparar y marcar el camino para lo que iba a suceder en mi vida más adelante.

A finales del año 2010 empecé a descubrir una realidad nueva para mí, empecé a escuchar música de adoración, específicamente de un amigo en común que teníamos Osvaldo y yo, que para ese tiempo lo comencé a conocer como pastor y adorador. En ese momento, y a través de su ministerio, Dios empezó a despertar mis sentidos espirituales más abiertamente. Era como si me guiara sin que en ese momento entienda completamente lo que Él hacía en mi vida y despertara un hambre y búsqueda que me llevaría al destino que Él había marcado para mi vida.

Poco antes de salir de mi casa, a raíz de mi separación matrimonial, sentía fuertemente en mi mente y corazón la palabra: «Todo va a estar bien». En ese momento no sabía cómo sería lo que vendría, tampoco todo fue como yo creí que sería, pero entiendo que a pesar de la crisis que viví en ese momento, en mi corazón nacía la certeza de que no estaba sola y que algo empezaba a cambiar, entiendo que era Dios mismo quien ponía en mi espíritu la certeza de que Él es quien nos sostendría, aún y sin yo imaginar todo el trayecto y que me tocaría caminar, pero que ciertamente fue un momento en el que me llene de esperanza. Esa frase: «Todo va a estar bien», fue la que escuché después en más de una ocasión.

Después de haber salido de la casa en la que viví con mi esposo por tantos años, por un corto tiempo me encontré viviendo con mis tres hijas en casa de mi tía, Venecia, fue un proceso de transición. Mi tía una mujer de oración, que por años oraba por nosotros, no podía imaginar que sus oraciones fueron respuesta del cuidado que Dios mostraba en mi familia en ese momento. Fue un tiempo difícil, ya que toda nuestra vida había dado un gran giro, pero también un tiempo en el que pude conocer a Dios como el proveedor, defensor, padre, maestro y quien definió el rumbo que tomaba mi vida. Al poco tiempo nos mudamos a un apartamento de un familiar, que en ese momento estaba vacío. Ahí viví con mis tres niñas por un periodo de tres años, luego en un tiempo indicado Dios nos abrió la puerta a un apartamento con un contrato bajo mi nombre. A pesar de todo, el cuidado de Dios era evidente, cuando menos lo esperaba, llegaba alguien con algunas provisiones o algún tipo de ayuda; algunos familiares, como mi madre, fueron instrumento que también Dios usó para sostenernos y proveer. Es en momentos como estos que Dios nos enseña de quién dependemos.

Puede sonar contradictorio, pero recuerdo que mi corazón aceptaba cualquier dificultad que pudiera llegar porque sentía que dentro de toda crisis la fidelidad de Dios era mayor, por lo que estaba dispuesta a enfrentar cualquier reto, muy dentro de mí sabía que Dios estaba formando mi corazón y en medio de ese proceso lo estaba conociendo. Que aun y sin entenderlo todo, lo que si empezaba a entender es que todo en mi vida dependía totalmente de Él. Cada día podía ver que Dios mismo me daba la convicción y la fuerza al preparar mi espíritu en cada paso que estaba viendo. Vi a Dios traer paz, aún en los momentos más difíciles pude ver que Él tenía completo control y cuidado en cada situación que enfrentamos. A raíz de cada experiencia se empezaba a producir un crecimiento en mi cada día, ahora de forma diferente ante el hecho de haber abierto mis ojos y reconocer que Dios estaba conmigo. La constante búsqueda de Él para que se produjera una intimidad y relación más cercana en donde yo comenzaba a identificar las cosas que él hacía y eso comenzó a intensificar mi dependencia de Él.

Cuando recién nos mudamos de casa de mi tía, comencé a trabajar en el restaurant lounge de un familiar, como un ingreso económico adicional. Ahí ayudaba en el chequeo de los abrigos durante el tiempo de otoño y recuerdo que mientras estaba ahí, le escribía cartas a Dios. Una de las muchachas meseras del lugar, Jesica, me extendió una invitación a una pequeña iglesia a la que ella asistía; ella me había invitado un año atrás, pero por alguna razón lo había olvidado. Ahora entiendo que Dios nos pone en lugares específicos y con gente específica para algunas de las cosas que Él quiere hacer.

Cuando empecé a ir a esa iglesia, en una ocasión, el pastor hizo un llamado específico por las familias y ella me animó a pasar adelante. En el momento que el pastor oró por mí, a través de su sensibilidad al Espíritu Santo, pudo percibir mi situación familiar y tuvo una visión en la que vio a un hombre triste y me dijo que yo me encontraba encadenada. Él, por supuesto, hablaba en términos espirituales refiriéndose a la opresión de mi alma y procedió a orar.

Un día decidí invitar a mi esposo a acompañarme a la iglesia, en un intento de querer arreglar las cosas, ya que pensé que ir juntos sería algo que nos podía ayudar. Me acompañó, y aunque fueron muchas las cosas importantes que yo pude identificar al escuchar al pastor hablar, también pude darme cuenta de que, él no podía asimilar todo lo que escuchaba porque su corazón no estaba listo. Dios prepara nuestro corazón de manera que podamos recibir la revelación de su amor y a través de su amor podamos hacernos receptivos a su voz, Él conoce las cosas que han afectado nuestras vidas y que no nos permiten recibir lo que él quiere hacer en nosotros, es por eso que Dios es paciente para con nosotros, Él sabe cómo encontrarnos y guiarnos, pero para poder abrazar y vivir la vida que Dios quiere que vivamos se necesita que nuestro corazón pueda abrirse y rendirse a Él.

Yo seguí buscando de Dios. En mis momentos de angustia y en situaciones específicas comencé a descubrir el poder de la Palabra. Muchas veces no sabía qué hacer, entonces, tomaba mi Biblia y la abría, y el Espíritu Santo me llevaba a leer y declarar Su Palabra. Pude experimentar su paz. En ese momento descubrí el poder de la palabra y el poder de quien en esos momentos comenzaba a dirigir mi vida.

Seguí asistiendo a ese pequeño y poderoso lugar de gente muy dulce y comprometida. La mañana del domingo en la que inició la Semana Santa del año 2012, tuve un sueño. En él vi a toda una congregación reunida, que parecía estar en la localidad de un hotel, en el que podía ver personas reclinadas en las paredes en la entrada del lugar, orando. También vi un grupo de personas reunidas en una terraza, ahí reconocí a algunos conocidos y amistades con las que me identificaba y que le servían a Dios. Entre las personas que vi estaba mi amigo, pastor adorador junto con su esposa, aquel amigo el cual Dios hizo que yo pusiera mi atención en su música y canciones para empezar a introducirme a su realidad. También vi a mi amigo Osvaldo. Entendí que era como una especie de retiro. Yo estaba hablando con mi amigo Osvaldo, él me estaba dando instrucciones, lo cual es curioso porque no escuchaba su voz, pero podía entender que me decía que no mirara ni a la derecha ni a la izquierda, que siguiera hacia adelante sin importar lo que viera o pasara. Deuteronomio 5:32 (NVI) dice: «Tengan, pues, cuidado de hacer lo que el Señor su Dios les ha mandado; no se desvíen ni a la derecha ni a la izquierda».

En ese momento comenzaba a recibir una de las primeras instrucciones de las muchas que Dios me daría. Poco antes de despertarme, escuché la voz suave del Espíritu Santo que me dijo: «Éxodo 2». Yo no conocía mucho la Palabra, así que busqué y encontré el capítulo, en donde hay una historia que define a toda la humanidad, la historia de un pueblo que, a pesar de haber sido esclavo por cientos de años, Dios sacó de la esclavitud y llevarlos a una tierra de bendición; esa tierra donde fluye leche y miel: la tierra prometida. Específicamente habla de un niño llamado Moisés que había nacido en ese pueblo esclavo y del cual él sería el libertador. Moisés había nacido bajo amenaza de muerte, ya que en ese tiempo el gobernador egipcio había dado la orden de que se diera muerte a todo niño varón que naciera de ese pueblo. Israel era el pueblo sagrado y amado por Dios, y Él había predestinado a aquel niño como su libertador.

El capítulo 2 de Éxodo narra cómo la madre de Moisés ya no podía seguir escondiéndolo. Por eso lo puso en una canasta bien elaborada, que ella misma hizo para ponerlo en el río con la certeza de preservar la vida su hijo, quien luego sería el instrumento elegido por Dios para sacar todo un pueblo de la esclavitud. Moisés, después de haber sido puesto en el agua, fue vigilado por su hermana, quien lo veía y seguía desde lejos por el trayecto del río. Ella vio cómo el niño fue a dar precisamente al lugar en donde la hija del faraón egipcio se bañaba. Ella, al destapar la canasta, tuvo compasión del niño y decidió quedarse con él. En ese momento, la hermana de Moisés se acercó a la hija del faraón le propuso que pudiese buscar una nodriza que le cuidara al niño. Esta nodriza fue la misma madre de Moisés.

Moisés significa «el que fue sacado del agua». Me tomó un tiempo entender todo lo que significaba esta historia y qué era lo que Dios me estaba diciendo. Le preguntaba a Dios constantemente qué me quería decir. Profundizando un poco encontré que Éxodo en sí significa y representa liberación, y Egipto significa esclavitud.

Seguí asistiendo esa semana a la iglesia, para ese tiempo, Aleyda, la esposa de mi primo, José, me acompañaba, y ella también comenzó a profundizar y a buscar de Dios; yo le preguntaba al Espíritu Santo qué quería decirme. Cuando vi que la palabra Éxodo significa liberación, lo primero que pensé era si Dios me estaba guiando a un divorcio. Todo lo que pensaba era en lo natural porque todavía no entendía cuán grande es el propósito y los planes de Dios. Lo veía de una forma personal; no podía ver que Él me estaba hablando en ese momento de algo más grande y profundo, aunque incluye todo lo que mi vida representa para Dios, lo que él empezaba a mostrarme encerraba no solo mi vida y los planes de Dios a mi vida, también cosas específicas que el empezaba a marcar en mi vida a través de esta historia, pero más que tener que ver conmigo tiene todo que ver con toda la humanidad.

El corazón de Dios es que la humanidad viva con corazones libres y conformes al de Él, que pueda vivir una vida bajo la gracia y voluntad de Dios siendo guiados por su Santo Espíritu Para que podamos vivir una vida conforme a su plan y propósito y experimentar la plenitud que Él mismo nos da, al vivir una vida unida a su lado, y vivir bajo el diseño que Él determinó para cada uno de nosotros.

Durante esos días de Semana Santa, Aleyda y yo descansamos para ir a una vigilia a la que nos habían invitado. Yo solía agonizar mucho en mis pensamientos, siempre tratando de hacer las cosas en mis fuerzas y buscar soluciones, siempre preocupada, esa tarde me encontraba pensando si tan solo las cosas fueran de la manera en que yo creía que debían ser y era yo de alguna manera tratando de buscar entender cómo arreglar la situación y fue en ese momento en donde mis pensamientos fueron interrumpidos, mis labios fueron cerrados, fue como si algo hubiera congelado mi ser; y en ese momento escuché esa voz que invadía mis sentidos, me dijo:

—No hagas nada, déjamelo a mí.

Era la voz audible de Dios. Me impactó y aunque sé lo que escuché, aun no entendía todo lo que estaba experimentando.

Horas más tarde fuimos a la vigilia. Entre canciones, adoraciones y prédicas, llegó rápidamente la mitad de la noche, y un muchacho comenzó a predicar sobre el carácter de Jesús y sentí que todo lo que él decía era como si me hablara. Me identifiqué con muchas cosas que mencionó; luego que terminó de compartir, empezó a orar y a ministrar a las personas que ahí estaban, según el Espíritu Santo lo guiaba. Todo esto era nuevo para mí.

El muchacho oraba por personas enfermas. También dijo palabras específicas a personas que a mi entender necesitaban escuchar esas palabras que venían de la inspiración y dirección del Espíritu Santo. En un momento específico, él empezó a decir:

—¡Espíritu Santo, llena!

En ese momento, él no se dirigía a nadie en específico, pero en mi corazón, que latía fuertemente, yo sabía que se estaba dirigiendo a mí. Sentía que venía en mi dirección y así sucedió, se aproximó, dio un giro y entró hacia el lugar en donde me encontraba sentada, tocó mi cabeza y dijo:

—¡Espíritu Santo, llena!

En ese momento sentí el inmuto amor de Dios llenándome y como un río que corría desde mis pies hasta mi cabeza. Él empezó a hablarme las palabras del Padre y me dijo:

—Dios me dice que te diga que no hagas nada. Que hay

cosas que tú no entiendes, que te dejes guiar por Él.

Las mismas palabras que esa misma tarde habían retumbado en mis oídos.

En ese momento solo moví la cabeza asintiendo. Sentía en mi corazón a esa niña dentro de mí, a la cual su papá le hablaba y lo único que entendía que mi corazón en ese momento se comprometió a obedecer, hacer y seguir lo que Él me guiara. No sabía cómo, pero recuerdo que la primera cosa que pensé fue: «¿Cómo voy a saber cómo Dios me habla o cuando me hable?» Recuerdo que Él prometió guiarme durante cada uno de los días de mi vida.

El domingo siguiente, Aleyda y yo acompañamos a una señora que nos había invitado a ir a ver un pastor amigo de ella que vendría de Santo Domingo a predicar en un lugar cerca de mi casa.

Escuchamos predicar al pastor y también hubo un tiempo de ministración. Era como si yo apenas estuviera empezando a entender lo que estaba pasando en mi vida.

Era un lugar pequeño. El pastor tuvo la oportunidad de orar por todo el que se acercaba a él. Para mi sorpresa, al orar por mí, me dijo:

—No más esclavitud, me pediste que te sacara, y te saqué.

En ese momento todo cobró sentido. Me hablaba las mismas palabras de Éxodo; así como Moisés había sido sacado del agua, así también yo fui sacada de toda esclavitud.

Tratando de recordar en qué momento le pedí a Dios sacarme de lo que era la opresión de mi alma o de mis circunstancias lo que ahora entendía que Él llamaba esclavitud, vino a mi mente un momento en mi vida en el que oré por una intervención divina en donde le pedía a Dios que hiciera algo nuevo en mi vida y la vida de mi familia. Una de las cosas que ese pastor me dijo es que él podía sentir cómo Dios traería una gran bendición a mi vida. Aun cuando Dios hizo todo esto en mí, me tomó tiempo sanar mi corazón, crecer y conocer lo que Él quería enseñarme. Así como el pueblo de Israel caminó por el desierto una vez que fue liberado para dirigirse a esa tierra prometida que fluye leche y miel. Así me toca caminar. Comprendí que ese proceso requería de toda mi obediencia y entrega a Dios. En todos estos años ha sido un proceso de conocerlo, caminar con Él, entender hacia todo lo que me iba a estar guiando, aprender a confiar y hasta esperar en Él. Sacarme no solo representaba el que mis circunstancias cambien, más aún, una transformación que me prepararía para todo aquello que Dios me estuviera llevando.

Aunque el libro del Éxodo relata a un pueblo que era físicamente esclavo, si leemos la historia nos damos cuenta de que también eran emocionalmente esclavos. Es ahí donde comencé a entender que Dios señala la esclavitud humana como algo que no produce la vida y la libertad que a través de Su gracia Él nos otorga. Al vivir bajo ceguera espiritual vivimos en esclavitud, lo cual podemos encontrarnos estar enfrentando día a día: heridas, malas relaciones, ataduras emocionales, cosas que marcaron nuestras vidas y de las cuales Dios quiere hacernos libres y sanos. Pero para eso necesitamos vivir una vida de total dependencia de Él, una vida guiada por su Espíritu Santo; es lo que llamamos una vida en el espíritu.

Durante ese tiempo también tuve la oportunidad de reunirme con una amiga con la que volví a contactar,

Amarilys, una hija que ama y le sirve a Dios, y quién era frecuentemente invitada por varias iglesias en tiempos de vigilias, esos tiempos diseñados de profunda de oración y de profunda búsqueda de la presencia de Dios. Yo tenía mucha hambre de conocer y buscar de Dios. Fueron varias las personas y los lugares con los que en ese tiempo Dios me llevó a relacionar. Entendiendo que el Señor quería que así fuera para todo lo que me iba a estar enseñando y que quería que yo conociera.

Poco después, el siguiente paso fue llevarme al lugar que sería mi casa congregacional, lugar que ha sido mi casa y congregación durante los últimos años y a través del cual he sido grandemente bendecida no sólo por la formación que he recibido en todo lo que Dios prepara a través de ese lugar, pero también por las personas que él dispuso poner a mi lado siendo piezas claves para lo que sería mi proceso y caminar en Dios.

CAPÍTULO II

CONOCIENDO EL CORAZÓN DE DIOS

El próximo paso que Dios tenía para mí fue incorporarme al Centro Cristiano Palabras de Vida en Nueva York, la cual es aún mi casa. Palabras de Vida más que ser un lugar congregacional es la familia a la que Dios me llevó a unirme.

Ya después de haber experimentado todas las experiencias que hasta ese momento había vivido y en donde Dios le daba un rumbo diferente a mi vida, experiencias en donde cada persona y cada lugar fue parte de todo lo que Dios usó para ir dando forma a todo lo que estaría tomando lugar en mi vida. Aún y después de aquel momento en que viví la experiencia de ser llena de su Espíritu Santo, lo cual entiendo que de alguna manera trajo una libertad y llenura a mi espíritu, aún así faltaba aún mucho más por descubrir. En realidad, es a partir de este momento en donde comencé a conocer más profundamente a Dios y en donde empecé a descubrir los planes de Dios para mi vida.

En realidad, nuestra vida en Dios no está limitada a manifestaciones espirituales, sino una vida en donde ya habitamos en lo celestial al nosotros participar de su naturaleza divina; a pesar de toda la experiencia que hasta ahora había vivido, todavía faltaba mucho por conocer y toda una obra de Dios en mí. No es suficiente tener un encuentro con Él o sentir una manifestación espiritual. Aun cuando cada cosa que Dios hace es importante. Lo más importante es que al buscarle y caminar con Él, Él mismo va haciendo su obra en nuestro corazón y al permanecer y ser constantes, pero sobre todo estar dispuestos a permitirle a Dios guiarnos, en nosotros se vaya produciendo un crecimiento e incremento el cual nos prepara para todas las cosas a las que Dios quiere llevarnos.

Dios mismo va marcando nuestro destino a través de su dirección, pero nos toca a nosotros caminar en ella, Él en el hoy nos prepara para lo próximo. Es un constante descubrir y conocerlo, y al descubrir y conocerlo me voy descubriendo y conociendo yo misma. Es ahí en donde también se va recibiendo la revelación de su propósito, no solo los planes que Él tiene para conmigo, sino que cuando hablo de propósito me refiero a como mi vida está ligada a su vida, que tiene todo que ver con su propósito eterno para la humanidad.

Jeremías 29:11 dice: «"Porque Yo sé los planes que tengo para ustedes", declara el Señor, "planes de bienestar y no de calamidad, para darles un futuro y una esperanza.»

Dios tiene un plan para cada vida el cual es parte de su propósito, el propósito de Dios es uno, y es el de llevar y preservar su vida en nosotros y dentro de ese propósito, cada persona que decide vivir una vida en Él pueda ir descubriendo Su bondad en gran manera. Pero va a depender de cada persona caminar y vivir dentro de Sus planes.

Cada persona fue creada para vivir y caminar en su presencia y tener una relación con Él, pero no todos vivimos bajo el entendimiento de esa realidad. No es hasta que somos adoptados como sus hijos que entramos en esa nueva naturaleza, esto, en el momento en que reconocemos y aceptamos a Jesús como nuestro señor y salvador que nos hacemos parte de su naturaleza divina. El maravilloso misterio de su gloria.

Romanos 8:15 dice: «Pues no habéis recibido el espíritu de esclavitud para estar otra vez en temor, sino que habéis recibido el espíritu de adopción, por el cual clamamos: ¡Abba, Padre!»

Ciertamente yo entiendo que aun antes de este momento en el que mi vida dio este gran giro, ya yo vivía en esa naturaleza. Recuerdo que siendo muy niña en una ocasión acompañé a una tía a una iglesia cristiana en donde a muy temprana edad hice la confesión de fe, pero no fue hasta este momento de mi vida en la que decido comprometerme, ser obediente y rendir mi vida a Dios, que comienzo a vivir la vida que ya en Jesús Dios me daba. Sé que una de las causas fue mi falta de conocimiento ante toda esta realidad, obviamente, aunque creía en Dios, como dije anteriormente, no lo conocía como empezaba a conocerlo en este tiempo de mi vida.

Aunque ya en Cristo Jesús Dios nos hizo completos y plenos en Él, todavía me faltaba vivir todo un proceso de renovar mi mente.

No hablo de solo cambiar de parecer o pensar diferente, claro esto es parte de una mente renovada, pero me refiero a que toda nuestra naturaleza es nueva, ya que cada día, a través de Su Espíritu sabe lo que necesita darnos a conocer y es donde vamos siendo renovados y transformados. El Espíritu Santo conoce lo que pensamos, nos encuentra en medio de nuestros pensamientos. Por la razón que somos completos en Él es porque Él lo conoce todo, ya nos lo dio todo cuando Jesús nos dio Su Espíritu, y a través de Su Espíritu, Él lo hace todo completo y nuevo, pero verdaderamente se necesita que nosotros asimilemos esa plenitud. Por eso mientras más crecemos en el conocimiento de Él, más crecemos en el conocimiento de nosotros mismos.

Esa es la belleza de la gracia de Dios, Él nos hace aceptos, nos ama, nos restaura, nos hace nuevos para llevarnos a cosas inimaginables. La obra que Dios necesita hacer en cada uno de nosotros, no se limita a personas que apenas empiezan a conocer a Dios, también es el caso de personas altamente conocedoras de la palabra, pero que en su interior necesitan sanidad, libertad o simplemente no caminan o viven entendiendo la voluntad de Dios para sus vidas y necesitan depender de una total y completa comunión e intimidad con Dios. Se necesita vivir en constante dependencia y compañerismo con el Espíritu Santo. No hay un nivel en el que podamos alcanzarlo todo, Dios siempre hace cosas nuevas y siempre tiene algo nuevo que enseñarnos.

El pueblo de Israel fue sacado de la esclavitud física para ser trasladado a una tierra de promesa y bendición, también fue llevado a una nueva realidad, a un cambio, un proceso en donde su conocimiento de Dios —a través de su trato con ellos— empezaba a revelarse; y en cual, durante su salida, Dios mismo redimió sus corazones.

De la misma manera, Dios empezó a tener un trato con mi corazón, en el que empezaba a renovar y expandir mi conocimiento de Él y formar su carácter en mí. Comenzaba a expandir mi entendimiento, no solo a través de la Palabra, sino a través de su guía, de su voz, de la revelación que traía cada día en cada cosa que me tocaba vivir. Entraba en el conocimiento de ese Dios vivo, que quiere y anhela que cada persona lo conozca para poder llevarlos a que sus vidas prosperen. Comenzaba a entrar en lo que Él me había hablado cuando me dijo: «Déjate guiar porque hay cosas que no entiendes ni conoces», y así como prometió, he podido experimentar su guía cada uno de los días de mi vida. Comencé a descubrir que Dios siempre estuvo conmigo; pero ahora yo me encontraba caminando bajo su dirección.

La Palabra, en 3 Juan 1:2, dice: «Amado, yo deseo que tú seas prosperado en todas las cosas, y que tengas salud, así como prospera tu alma». En otra versión dice: «y que estés tan saludable en cuerpo, así como eres fuerte en espíritu». Y en otra dice: «que te vaya bien en todos tus asuntos y goces de buena salud, así como prosperas espiritualmente».

La realidad espiritual es algo que conforma y es parte de cada vida; es necesario entenderlo bajo el conocimiento que Dios nos da a través de la persona del Espíritu Santo, de quien necesitamos depender. Es importante entender que la Palabra se hace viva en el momento que es revelada a nosotros por medio de Él. La Palabra de Dios es el pan de vida, pero necesitamos al Espíritu Santo, que es la voz de esa palabra.

La Palabra y la revelación nos ayudan a discernir las cosas del Espíritu y así entender el corazón del Padre e ir descubriendo el plan que Dios traza y del cual nosotros somos parte. La dependencia y obediencia absoluta es lo único que nos garantiza esa vida de grandeza. No por lo mucho que pueda obtener sino por lo mucho que ya obtuve al ganar mi vida en Él, pero aún así ser parte de todo lo grande que Dios prepara. La dependencia de Él es clave porque siempre lo vamos a necesitar para lo que vivimos en el hoy y para lo que nos prepara para mañana. Eso sin decir que fuera de Él no hay fruto verdadero en nuestras vidas.

La Biblia es muy amplia y extensa en todo el conocimiento del perfecto plan de Dios y también al revelar su corazón; pero más que conocer todos los detalles de la Palabra, necesitamos también conocerlo a Él, que es quien nos revela lo que necesitamos conocer, aquel que es parte de nuestra vida en cada respiro. Esto fue posible para nosotros en el momento que Jesús fue crucificado, en aquel acto que parece injusto, Él se hizo justo para nosotros, siendo ese el perfecto plan del Padre Celestial.

1 Pedro 3:18 (NVI) dice: «Porque Cristo murió por los pecados una vez por todas, justo por los injustos, a fin de llevarlos a ustedes a Dios. Él sufrió la muerte en su cuerpo, pero el Espíritu hizo que volviera a la vida.»

Antes de todo esto yo siempre creí en Dios. Recuerdo que en ocasiones tenía revelaciones, sí oraba y desde pequeña se me enseñó quién es Jesús, pero en realidad no podía discernir todo lo que Dios quería mostrarme porque no tenía ese profundo conocimiento de la Palabra ni tampoco de Él. Por eso es tan importante para Dios que cada persona pueda conocerlo y rendir su vida a Él y así conocer cómo y para qué fuimos creados, cómo estamos llamados a vivir y poder despertar a esa realidad y vivir una vida próspera bajo la bendición de Dios. Pienso en cuántas personas parten de esta vida sin tener el menor conocimiento de esta realidad.

El pueblo de Israel, a pesar de creer en Dios y ver la esperanza de un Dios Salvador, todavía no podía ver la grandeza de Dios en sus vidas. Fueron sacados de la esclavitud, pero para llegar a esa tierra de promesa primero tenían que atravesar un desierto y ver cómo Dios cuidaba de ellos durante el trayecto, entre algunas cosas, cómo Dios proveyó maná del cielo, el cual fue el alimento que los sostuvo.

Imagínese atravesar un desierto donde no hay comida, agua, un lugar dónde dormir o reposar; en medio de todo eso, ellos pudieron experimentar el cuidado de Dios en cada necesidad, vieron cómo Dios los libró del faraón que los mantuvo esclavos y que les permitió que salieran de Egipto solo por el hecho de que no pudo luchar contra la voluntad de Dios.

El pueblo de Israel pudo salir de Egipto con la intervención de Dios a través de Moisés; pero aun al salir, el faraón no desistió, por lo que decidió perseguirlos en compañía de su ejército. Llegó un momento en donde el pueblo hebreo se vio casi acorralado cuando se dieron cuenta que eran perseguidos y se encontraban frente al mar, en un lugar ante sus ojos sin salida alguna, en donde no parecía haber camino; esta fue la oportunidad perfecta de ellos presenciar cómo Dios los libró de la persecución y muerte, en el momento en que Dios mostró su poder una vez más, dándole instrucciones específicas a Moisés de levantar su vara en dirección al mar y así produjo que el mar pudiera ser dividido, abriendo camino y dando paso a que todo el pueblo pudiera avanzar. No solo Dios abrió camino para que su pueblo pudiera escapar, sino que también hizo que las aguas volvieran a tomar su curso y el mar volviera a cerrarse, ahogando al faraón y su ejército, dándole paso al pueblo de Dios a ser libres.

Al profundizar en todo lo que encierra el Éxodo, Dios me llevaba a entender cómo todo esto está relacionado con nuestras vidas; cómo su Palabra y las historias en la Biblia se aplican a lo que acontece hoy en nosotros. Por eso es vital la instrucción que Dios nos da a través de su voz y el conocimiento de su Palabra.

Cuando yo viví todo esto que hasta ahora les he compartido, no tenía idea que unas de las cosas que Dios tenía en su corazón era el yo escribir un libro. En realidad, no tenía idea de todo lo que estaría viviendo durante todos estos años, lo que sí sabía es que no había duda en mi corazón de seguir la voz de Dios y obedecer al darle mi vida, en ese momento entendí que esa era la forma de vivir. Aunque había todo un camino por caminar, sabía que para llegar a donde Dios me quería llevar era necesario rendir mi corazón, conocerlo y dejarme guiar.

En el trayecto fui creciendo, pero no puedo decir que fui sana en mi alma inmediatamente, sentía un anhelo y amor por Dios y ese era mi alimento, y mi motor. Entiendo que mi búsqueda de Dios al inicio se originó en un momento vulnerable en el que veía a Dios como mi única salida y como mi respuesta a las cosas que en mi corazón yo quería ver realizadas, después a medida que fui conociendo su corazón fui rindiendo mi voluntad para hacer su voluntad. Ciertamente Dios conoce las cosas que llenan nuestra vida, porque al final él mismo nos creó y él conoce los planes que tiene para nosotros, pero hay una lucha real entre nuestros deseos y lo que es la voluntad de Dios, la cual al final siempre es mejor que la nuestra. Todavía faltaba mucho más por conocer.

LA REVELACIÓN SOBRE EL ÉXODO

Nada pudo parar la obra de Dios sobre el pueblo de Israel y el hecho de que su pueblo saliera de la esclavitud. Pero los israelitas tomaron mucho tiempo caminando en el desierto ya que no cooperan. En el proceso, Dios trató con sus corazones para que ellos pudieran entrar en lo que era una vida de sujeción y confianza en Él y así ser bendecidos. Para Dios no era nada difícil proveerles y hacer milagros. Todo el proceso se trataba de Dios prepararlos para que ellos pudieran ser bendecidos por Dios. A pesar de que el pueblo hebreo vio el poder de Dios manifestarse a través de milagros que hacía en medio de ellos, aún así no entendía que:

- Estaban más enfocados en ellos mismos y en su incomodidad, en lo querían ver, más que en lo que Dios hacía o les instruía.
- Se quejaban constantemente, no tenían corazones agradecidos.
- Al quejarse y no dejarse guiar no se abrieron a entender a Dios y su intención de bendecirlos.
- No podían reconocer la grandeza de Dios sobre sus vidas por lo que eso atrasó su bendición y muchos ni llegaron a verla.

No entendían que, para bendecirlos, Dios necesitaba preparar sus corazones y ahí la clave de la prosperidad de sus vidas. Optaron por adoptar una actitud de corazón para seguir su propio entendimiento. El proceso requería expandir su visión y así prosperar su alma para prepararlos, para recibir todo lo que estaba en el corazón de Dios darles y que pudieran ser buenos administradores de lo que Dios ponía en sus manos. Al mismo tiempo prepararlos para manejar las dificultades y sobre todo vivir una vida dependiente de Dios.

Hicieron caso al miedo de entrar a lo desconocido; no saber qué les esperaba en el trayecto les hacía quejarse y no ver que a pesar de las circunstancias ya tenían todo lo que necesitaban tener: que ya tenían a Dios mismo.

Cuando seguí viviendo la revelación del Éxodo, comencé a entender que la humanidad siempre ha sufrido esclavitud; y que el corazón de Dios siempre ha sido hacernos libres de todo lo que nos esclaviza. La sanidad es solo el inicio de todo lo grande que Dios prepara para nosotros, por eso Él nos pide rendir nuestras vidas. Ser bendecido no se trata solo de nosotros sino que mientras más Dios nos bendice Él nos hace de bendición para muchos. Una vida bendecida no se logra en nuestras fuerzas y propio entendimiento necesitamos al dador de vida, Dios es quien nos lleva al conocimiento de toda verdad, nos da dirección y nos ayuda a fortalecer y formar nuestro hombre interior para vencer los obstáculos que esta vida presenta. En aquel tiempo, el pueblo de Israel necesitaba un profeta que pudiera escuchar la voz de Dios y así poder guiarlos; pero, hoy, tú y yo tenemos acceso directo a nuestro Padre a través del Espíritu Santo y nuestra relación con Jesús.

LA IMPORTANCIA DE FORMAR NUESTRO CARÁCTER

Empecé a crecer en el conocimiento y entendimiento del corazón del Padre para con la humanidad y de cómo Él quiere traernos la revelación de la verdad que se encuentra en Dios, conocedor de todas las cosas, incluyendo aquellas cosas bajo las que nos encontramos viviendo, cosas que creemos, que nos definen; pero que Dios en Su amor trae a la luz y expone cada confusión o mentira que ha venido cegar nuestro entendimiento y afectar nuestras vidas, cosas que nos han mantenido opresos y que no han permitido que nuestros corazones experimenten libertad. Así empezaba yo a experimentar libertad y expandir mi visión.

Por esta razón, aparte de conocer la realidad espiritual que envuelve nuestras vidas, es aún más importante para Dios formar nuestro carácter; Dios puede usar cada experiencia para producir ese crecimiento en nuestro interior. En cada encuentro con su realidad y con su voz, Dios está provocando algo en nosotros que, como resultado, debe producir un cambio y transformación.

Pero, así como el pueblo de Israel, muchos de nosotros debemos pasar por la incomodidad, porque no hay crecimiento en el lugar cómodo, o mejor dicho el busca que podamos aprender dentro de nuestras experiencias., tampoco hay sanidad si las heridas no son expuestas; así como una herida debe ser tratada, curada y luego cicatrizar, así necesitamos disponer nuestros corazones para que Él sane. Dios conoce cada cosa profunda en nuestra alma, hasta las cosas que nosotros mismos no reconocemos. Es necesario estar dispuestos a rendir y permitirle tocar aun esos lugares que al ser expuestos o ser tocados pueden doler, pero sabiendo que Él traerá la sanidad necesaria.

Mirando atrás puedo ver cómo Dios fue posicionando cada momento y cada persona que serían parte de su obra en mí. Rodearme de personas maduras que han tenido un crecimiento en Dios y que se manejan con un corazón conforme al de Dios ha sido importante para yo poder atravesar el proceso. Aún aquellos no tan maduros, han sido parte de mi crecimiento.

Entiendo que sobre todo ha sido clave mi confianza y dependencia de Dios. Al formar mi corazón me da la habilidad de yo poder sembrar en mis hijas, así como en todo lo que manejo y hago, claro que al principio sentía como mi vida pasaba por un desorden en donde veía todo ser sacudido, para entonces Dios ir llevando todo a su perfecto orden. Fueron muchos los momentos de incertidumbre y confusión en los que Él fue guiándome, siempre esperando que Dios interviniera en mis situaciones y no es que no lo hacía, pero que al yo madurar fui entendiendo como iba incrementando mi sabiduría, para que yo produjera el orden y la vida que Él iba depositando en mí en todo aquello que me rodeara.

EXPONER Y PERDONAR PARA SANAR

Una de las cosas más importantes que Dios nos pide, y es porque es indispensable para traer sanidad, es perdonar. Una de las primeras cosas que aprendí fue el poder del perdón y que no se trata de dejar de reconocer los errores propios o de otros, sino que tiene que ver con que el corazón y alma estén libres y sanos. Perdonar es vital y necesario para liberar nuestra alma y que esté lista para que Dios pueda seguir depositando su grandeza en nosotros.

Con todo lo que hasta ese momento Dios había hecho en mí, creí que yo había perdonado experiencias pasadas y personas que de alguna forma u otra me hicieron daño o marcaron mi vida. Pero me dispuse a perdonar porque aprendí que nosotros somos el resultado de lo que vivimos y de lo que conocemos, por lo que el pensar así, me ayudó a entender que las personas actúan bajo un estado de inconsciencia, lo cual no los exonera de la responsabilidad, pero si me ayuda a mí a entender que quien soy yo para juzgar, aun cuando reconozca la falta puedo tomar la decisión de ser libre y liberar a otros.

Recuerdo que me encontraba en una actividad en la que tenía que hacer un acto de perdón. Aun cuando en mi corazón en ese momento no recuerdo sentir dolor, ya que al entender el poder del perdón yo había decidido perdonar, pensando que ya Dios había hecho mucho en mí, aún así en ese momento, por fe, comencé a pensar en nombres de personas que según yo ya había perdonado; después de recordarlos, el Espíritu Santo trajo a mi memoria un nombre en específico y en ese momento hasta cuestioné a Dios en mis pensamientos: «Señor, ¿por qué ese nombre?» El nombre era el de mi papá. «¿Por qué Luis?», le pregunté a Dios. Yo no tenía nada en contra de mi papá. «Siempre lo he amado», decía en mi mente; y de pronto brotaron lágrimas de mis ojos y entonces en ese momento todo comenzó a tener sentido. Dios me empezó a mostrar una de las heridas de mi corazón y el vacío en mi alma, por qué tenía tanta necesidad de querer encontrar a alguien que me amara y anhelar tanto ser amada: la ausencia de mi padre. Siendo pequeña sufrí la separación de mi padre, y aunque nunca tuve ningún sentimiento negativo hacia él, en ese momento reconocí que una parte fue arrancada de mí cuando mis padres se separaron. Luego empecé a pensar en el dolor de mis hijas, que habían pasado por lo mismo, y cómo la falta de su papá podía causar vacíos en ellas.

Recuerdo haberme desbordado en lágrimas; pero aun en medio del dolor Dios estaba trayendo sanidad a mi corazón. Vidas y familias son afectadas por la ausencia de un padre; pero es porque no conocemos la paternidad de Dios, lo cual afecta toda nuestra identidad, cómo nos vemos a nosotros mismos y a los demás, y esa la primera relación que necesita ser restaurada para que todo lo demás pueda tomar su esencia.

A raíz de esa experiencia, al confrontar esa verdad, en ese momento entendí lo que significaba el amor de un padre. Lloraba pensando en mis hijas y su papá, en cómo tantas vidas son marcadas por la confusión. Aunque siempre llevé a mi familia en mi corazón, en ese momento al empezar a tener entendimiento de tantas cosas que Dios me enseñaba, hice varios intentos en poder llevarlos a ellos a ese lugar al que Dios me llevaba a mí. Ellos no estaban caminando en lo que yo, pero podía ver a Dios obrar y cuidar de sus vidas incluso cuando ellos no lo entendieran o identificaran.

Fueron muchos los momentos que afectaron; la adversidad, los desafíos, la falta de sanidad y visión en muchos momentos vividos; pero eso fue precisamente el motor que me llevó a que mi dependencia de Dios aumentará, sentía fuertemente en mi corazón de que a pesar de lo que estuviera viviendo Dios es y ha sido mi respuesta, entendí que Él es mi fuente y mi ayuda. Entendí que Él trata con cada corazón de la forma que mejor le parece y que cada vida recibe la revelación en su momento y a través de su gracia.

UNA VIDA EN SUJECIÓN

A través de Jesús todo fue consumado en la cruz y a través de su resurrección, Él rompió con toda maldición, llevándonos a un nuevo pacto al hacer nuevas todas las cosas y darnos una vida completa en Él. Pero para que toda la obra de Dios se haga en nuestra vida es necesario nuestra obediencia y sujeción. Empezar a vivir bajo ese entendimiento era lo que Dios estaba estableciendo en mí. Seguí haciendo uso de cada herramienta que Dios usaba para seguir formándome; dentro de mi congregación tuve la oportunidad de ser parte de una academia de formación y así poder ser parte del liderazgo, la misma que fue un diseño y plan de Dios para conocerlo a un nivel más profundo para equipar y ayudar a manejar lo que en el momento me tocaba lidiar y que al mismo tiempo me daba herramientas importantes que me servirían para toda la vida.

Recuerdo que un día me dirigí a la academia de formación de mi congregación, llegué con un peso en mi alma. Había sido un día difícil; pero en el que al mismo tiempo experimenté la bondad y el cuidado de Dios. Creo que ese día, a pesar de todo lo que me agobiaba, resistí y me dispuse a llegar a mi clase, aun cuando mis fuerzas me faltaban. En el momento en que el profesor se disponía a hacer una oración corta para iniciar, hubo un momento en el que hizo silencio. Fue obvio para todos que en ese momento Dios irrumpía y Él se hacía sensible a su voz. Para mi sorpresa, empezó a hablar palabras que eran obvias que venían directo desde el corazón del Padre, dijo:

—Aquí hay alguien que necesita escuchar que Dios quiere que no te fijes en lo que estás viviendo; y que no importa lo que veas, porque le diste tu corazón, Él ya tiene un plan para tu vida.

Sentí fuertemente que esas palabras eran para mí, tanto así que mi amiga y compañera, Yrkania, me miró como dejándome saber que ella también podía identificarlo. No hizo falta nada en ese momento. Una vez más seguía experimentando cómo Él se revelaba a mí, no porque yo fuera más importante que los demás, sino porque le di mi corazón y esa es la puerta que abre el cielo en una vida.

MEDITEMOS

Dios sabe el momento preciso para revelarse a sus hijos. Para Él, cada hijo es importante y mueve cielo y tierra por cada uno de nosotros. No importa si lo entendemos o no, si somos conscientes o no de todo lo que Él hace. Lo que sí, otra vez, va a ser clave es rendirle el corazón. Si no lo escuchas hablar, todo lo que tienes que saber es que si le diste tu corazón Él está contigo en todo momento y no te va a fallar, de por si la vida misma inicia en Él y se trata de Él en nosotros. Él sabe cómo encontrarnos y cómo guiarnos, Él sabe cómo darse a conocer a través de nuestra intimidad con Él, hasta que se nos haga fácil identificar su voz y reconocer Su presencia.

CAPÍTULO III

ESCUCHANDO SU VOZ

En Facebook no puedes seguir a quien no conoces. Solo puedes seguir a alguien una vez que conoces de su existencia. En el trayecto de nuestra vida es posible vivir y no conocer a Dios, pero la realidad es que Dios sí nos conoce a nosotros. Salmos 139:1-7 lo describe de esta manera:

«Señor, tú me examinas, tú me conoces.
Sabes cuándo me siento y cuándo me levanto;
aun a la distancia me lees el pensamiento.
Mis trajines y descansos los conoces;
todos mis caminos te son familiares.
No me llega aún la palabra a la lengua
cuando tú, Señor, ya la sabes toda.
Tu protección me envuelve por completo;
me cubres con la palma de tu mano.
Conocimiento tan maravilloso rebasa mi comprensión;
tan sublime es que no puedo entenderlo.
¿A dónde podría alejarme de tu Espíritu?
¿A dónde podría huir de tu presencia?»

También Salmos 139:13,15 dicen que somos obra de sus manos, Él nos formó y entretejió en el vientre de nuestra madre; somos una obra maravillosa, ¡creación suya somos!

Hermoso cuando dice que Él nos entretejió, eso habla de algo que fue hecho con cuidado y esmero. Él conoce todos nuestros pensamientos, antes de nosotros pronunciar palabra Él ya sabe lo que hemos de decir. La realidad es que nosotros conocemos su voz desde que fuimos formados en el vientre de nuestras madres; así como un bebé reconoce la voz de su madre, así desde el vientre hemos experimentado la voz del Dios que nos formó.

Entonces, más que conectarnos, es reconectarnos con Él, hacernos sensibles a una voz que es conocida en nuestro interior. Dios puede hablar y manifestarse de muchas formas (visiones, sueños, entre otros); y es a través de penetrar nuestros sentidos y nuestro interior que Él nos guía, por igual Dios puede guiarnos a través de otros.

En capítulos anteriores relaté una de mis experiencias en donde Dios me llevó a escuchar Su voz y a poner toda mi atención a lo que me hablaría, en un momento crucial en mi vida en el que comenzaba a hacer algo nuevo en mí.

Mi experiencia escuchando la voz de Dios
Un día estaba preocupada y buscando la forma de solucionar situaciones. Recuerdo que mis palabras eran:

—Si tan solo, si tan solo...

Y repetía ideas que fluían a través de mis labios. En ese momento no podía parar de pensar y se me hacía casi imposible no dejar de expresar mi angustia. Cuando de repente experimenté cómo Dios calló mis labios, literalmente fueron cerrados. En ese instante, Dios empezó a hablarme de forma audible, era una voz que retumbaba en mis oídos, no era un sonido que me molestara, sino una que era tan evidente y clara y que invadió mis sentidos, llevándome a poner completa atención a lo que me hablaría.

Me dijo:

—No hagas nada, ya tú has hecho todo, déjamelo a mí.

El corazón del Padre en ese momento no fue solo el traerme paz y dejarme ver su cuidado, sino que me dio una instrucción que interrumpió mi agonía y en donde me estaba dejando saber que Él estaba obrando. En ese instante todavía no entendía todo, pero sí que Dios empezaba a guiarme.

Dios puede hablarnos de formas diferentes, sabe cómo llevarnos a entenderle y cómo llamar nuestra atención; eso, mientras aprendemos a hacernos familiar a su voz y profundizamos en Su Palabra.

Él sabe comunicarse con Su creación, pero no siempre nos hacemos sensibles y atentos a Su voz. Él puede estar hablándonos y ni siquiera darnos cuenta, así que, si queremos escucharlo, debemos estar dispuesto y estar atentos a Su presencia y a Su voz, anhelar conocerlo y ser compañeros con el Espíritu Santo. El Espíritu Santo es la persona a quien Dios nos dio después que Jesús resucitó. En Juan 16:12-15, Jesús dijo que no todas las cosas iban a ser reveladas por Él, pero que el Espíritu Santo sería quien las diera a conocer.

En el libro de los Hechos podemos apreciar lo que era normal para la iglesia primitiva: dependían completamente del Espíritu Santo. El apóstol Pablo fue un ejemplo de cómo el Espíritu Santo lo llevó a tener un conocimiento y entendimiento de Dios a tal punto que Pablo podía hablar en nombre de Dios debido a que lo conocía profundamente. Pablo, sin haber caminado con Jesús en vida, fue un conocedor de Dios a través de su compañerismo con el Espíritu Santo.

POR QUÉ UNOS OYEN Y OTROS NO

Aunque Dios puede hacerse escuchar, la realidad es que necesitamos tener esa comunión en donde el Espíritu Santo reposa y despierta la llama en nosotros. Es una conexión entre nuestro espíritu con el Espíritu de Dios y eso hace que nuestros sentidos estén receptivos. Es importante conocer lo que Dios escribió en Su Palabra, y conocerlo a través de ese medio, para así hacernos sensibles a Su voz.

A través de la Palabra y a través de nuestra conexión con Él adquirimos madurez, hablo de una madurez divina, que se da a través de lo que Él nos enseña, a través de lo que Él revela y hace en nuestros corazones. Lo que Dios produce y nos enseña a través de la vida de otros puede ser importante, pero es cuando se produce lo de Dios en nosotros, a través de nuestra propia experiencia con Dios, que podemos crecer y ser transformados.

Es sumamente importante reconocer que Él ve cada paso en nuestras vidas, es una forma de hacernos sensibles a su presencia y así entrar en una intimidad con el Espíritu Santo. El Espíritu Santo es quien nos revela el corazón del Padre. Él nos puede llevar a esferas que tienen la capacidad de llevarnos a recibir mucho más de la presencia y el conocimiento de Dios. Él puede llevarnos espiritualmente a dimensiones que solo a través de Su Espíritu se pueden conocer.

La Palabra dice: «Oren en todo momento. Den gracias a Dios en cualquier situación, porque esto es lo que Dios quiere de ustedes como creyentes en Cristo Jesús.» (1 Tesalonicenses 5:17-18 NBV)

La oración no es un monólogo, sino un diálogo. El corazón del Padre es que estemos en una constante comunicación con Él. El diseño de Dios para la humanidad es vivir una vida en Su presencia. A través de nuestra comunión e intimidad con el Espíritu Santo, Dios nos lleva a conocerlo de forma profunda y de ahí a conocernos a nosotros mismos a través de cómo nos vamos descubriendo en Él a través. Orar es venir ante Dios, hablar con Él, desnudarle nuestro corazón para vivir una vida conectada a Él en todo momento y que seamos dependientes de Él.

La intención de la oración no es solo darle a conocer a Dios lo que está en nuestro corazón —porque Él ya lo sabe—, sino que le interesa que nosotros nos escuchemos a nosotros mismos y así descubrir lo que hay en nuestro propio corazón. Al mismo tiempo Dios nos da a conocer sus pensamientos.

Humanamente, nuestra capacidad es limitada y nuestra alma puede estar llena de muchas cosas que Dios no nos ha llamado a cargar, por lo que nos encontramos llenos de pensamientos y distracciones que no nos dejan tener una conexión clara con Dios.

QUÉ ES INTIMIDAD CON DIOS

Koinonia es una palabra griega que significa compañerismo, se refiere a la colaboración e intimidad. La intimidad solo puede darse cuando interactuamos con alguien y tenemos esa cercanía que nos permite conocerle, saber cómo piensa y al llegar a un nivel de intimidad profunda. La intimidad trata con los deseos, las intenciones y los pensamientos del corazón, de ahí el anhelo de Dios de intimar con sus hijos.

Hay personas que viven con Dios en sus mentes, como lo fue mi caso por muchos años: yo creía en Dios, pero no interactuaba con Él; ahora entiendo que Él estaba conmigo, pero yo no me percataba. En algunos casos podemos conocer a Dios solo en nuestras mentes, sea que seamos conocedores de Su Palabra o no, pero no tenemos esa intimidad que nos lleva a conocerlo. La lógica, la cultura, lo conocido, a veces no nos dejan ver toda la realidad de Dios, ni nos permiten el acercamiento que Dios quiere tener con sus hijos. Se necesita cultivar la relación con Él, mantenerse cerca y provocar esa intimidad.

El Espíritu Santo puede estar con una persona y esa persona no estar interactuando con Él; de por sí, muchas veces Su presencia es ignorada, ya sea por falta de conocimiento, distracciones, enfocarnos en nosotros más que en Él, cuando en realidad fuimos diseñados para vivir conectados a Él y caminar juntos siempre.

Es como cuando una persona se enamora o apasiona por alguien, pondrá sus pensamientos y su atención en esa persona. Así es nuestro caminar con Dios, mientras más atención ponemos a su persona y centramos nuestros pensamientos en Él, más atención pondremos a su voz.

El Espíritu Santo nos encuentra en la quietud, en el lugar en donde nos deshacemos de nuestras cargas y entregamos todo. Él quiere enseñarnos a confiar y llevarnos a lo profundo del corazón de Dios, llevarnos a ese punto de cargar el corazón de confianza en donde el anhelo del corazón es seguirlo a Su presencia, o sea permanecer en Él.

La quietud precede la revelación, y la revelación brinda la quietud del alma. No hablo de que debemos encontrarnos en un lugar silencioso, me refiero a ese lugar en el que nuestra atención se hace sensible a Su voz. He experimentado eso una y otra vez; me he encontrado cuestionando algo y es en ese momento cuando Él irrumpe en mis pensamientos y me enfoca lo que antes no podía. Lo que Dios habla en un momento determinado es suficiente para sostenernos, es regocijarse en lo que a nuestra perspectiva puede parecer no tener solución, esperanza o dirección. Aun cuando las cosas no son como esperamos, su perspectiva siempre nos sostiene y provocan vida en nosotros.

En el momento que Dios nos visita con una revelación, todo el panorama cambia. Meditar en la Palabra, en la revelación y en la persona de Jesús le permite al Espíritu Santo enseñarnos a establecer esa relación con Dios.

1 Tesalonicenses 1:5 nos habla de que el evangelio no solo ha llegado a nosotros a través de palabras sino también en poder del Espíritu Santo.

Hechos 1:8 dice: «Pero cuando venga el Espíritu Santo sobre ustedes recibirán poder y serán mis testigos en Jerusalén como en toda Judea y Samaria, y hasta los confines de la tierra.»

El Espíritu Santo es el que nos da el don de Dios, nos volvemos uno con el Espíritu Santo cuando reconocemos a Jesús como nuestro Señor y Salvador. El don de Dios es la misma esencia de Dios en nosotros, lo cual nos hace partícipes de su naturaleza divina. Él nos llama a llevar su vida y su poder en toda plataforma, en todo lo que nos desenvolvemos, ya que se trata de impartir lo que somos a través de Él. Esto no solo se limita a nuestro servicio en la congregación a la que pertenecemos, sino que es muy parte de nuestras vidas como hijos de Dios. Al ser sus hijos nosotros formamos parte de lo que es el cuerpo de Cristo.

Como parte de ser hijos de Dios, llevamos la vida del hijo de Dios en nosotros. Somos portadores de su vida, por ende, llevamos Su vida en todo lo que hacemos. Cuando hablamos de iglesia, muchos piensan que se trata de un edificio, ya que es el punto de reunión en donde el propósito de congregarse es ser parte de ese cuerpo que Cristo llama su iglesia, por medio al sistema congregacional, los hijos son equipados y cada vida pueda crecer y desarrollarse según el llamamiento de Dios para cada uno, y como parte de ese cuerpo. Dios nos creó con la intención de hacer comunidad, familia, es importante reconocer que Dios necesita que estemos ligados a personas que ayudan a nuestro crecimiento y al mismo tiempo como parte de llevar su vida. Esto no se limita a un grupo de personas, más bien es la vida que Dios diseñó para la humanidad. Así como el congregarnos es parte importante, nuestra intimidad personal con Dios es aún vital.

Efesios 4:11-16

«Él mismo constituyó a unos, apóstoles; a otros, profetas; a otros, evangelistas; y a otros, pastores y maestros, a fin de capacitar al pueblo de Dios para la obra de servicio, para edificar el cuerpo de Cristo. De este modo, todos llegaremos a la unidad de la fe y del conocimiento del Hijo de Dios, a una humanidad perfecta que se conforme a la plena estatura de Cristo. Así ya no seremos niños, zarandeados por las olas y llevados de aquí para allá por todo viento de enseñanza y por la astucia y los artificios de quienes emplean artimañas engañosas. Más bien, al vivir la verdad con amor, creceremos hasta ser en todo como aquel que es la cabeza, es decir, Cristo. Por su acción todo el cuerpo crece y se edifica en amor, sostenido y ajustado por todos los ligamentos, según la actividad propia de cada miembro.»

Ciertamente Dios mismo pone en nosotros habilidades, dones y talentos, para que, a través de nuestra vida, la vida de

Dios pueda producirse. Todo se centra en el conocimiento del Hijo, Jesús, por eso Jesús es el centro y fundamento en donde construimos nuestra vida y aportamos a otras vidas. Es aquí cómo llegué a entender que cada una de nuestras vidas es importante y que no vivimos para nosotros mismos, sino que todo el que nace del Espíritu de Dios, es adoptado en su naturaleza como hijo, lo cual es parte de todo su diseño para la humanidad.

Antes conocía como santos a esas personas cuyos nombres se encuentran en un registro, debido a que en sus vidas se les conocía por haber registrado milagros. Por cultura aprendí que para llegar a Dios había que visitar una iglesia y arrodillarse ante una imagen; y es ahora cuando entiendo que eso es solo una representación visual en la que creemos tener una conexión espiritual. Ahora entiendo que Dios veía y escuchaba lo que había en mi corazón aun cuando tratara de conectar con El de la manera que yo conocía.

En mi ignorancia o por cultura se me enseñó a buscar de Dios de esa manera cuando en realidad Él es omnipresente, por lo que se encuentra y mira mi vida en todo lugar, y es a través de su Espíritu que logro accesar su hermosa presencia. La idea de los santos viene de esas personas que son reconocidas por su divinidad, y es de ahí la idea de orar o pedir a un santo con la intención de recibir un milagro. Pero que importante es saber que santo es todo aquel que lleva la vida del hijo de Dios, Jesús. y que Jesús mismo dijo que aquel que le siguiere aún hará mayores obras que Él.

En la Biblia hay toda una explicación de cómo durante el viejo pacto, lo que conocemos como el Antiguo Testamento, Dios usaba profetas para hablarle a su pueblo; como también nos da a conocer cómo a través del sacrificio de Jesús entramos al nuevo pacto, en el que tenemos acceso directo a Dios a través del único que nos lleva a Él: Jesús, a través del Espíritu Santo; Jesús es la vía directa de ir al Padre, no hay otro intermediario entre nosotros y Dios. Mientras más profundizamos en el conocimiento de Él, podremos vivir y comprender nuestra relación con Él, vivir nuestra mayor expresión de vida en Él. Él a través de su Espíritu intercede y pone en nuestro corazón lo que necesitamos pedir a Dios.

Romanos 8:26-27 dice:
«Y de igual manera el Espíritu nos ayuda en nuestra debilidad; pues qué hemos de pedir como conviene, no lo sabemos, pero el Espíritu mismo intercede por nosotros con gemidos indecibles.27 Mas el que escudriña los corazones sabe cuál es la intención del Espíritu, porque conforme a la voluntad de Dios intercede por los santos.»

Los hijos de Dios son llamados linaje escogido, pueblo santificado por medio de su santidad. Él nos santifica a medida que nos rendimos a Él. Hay algo que pasa en nuestra alma, mente, que va siendo transformado. Nos llama real sacerdocio. Conocemos a un sacerdote como alguien consagrado al servicio de Dios y es una función que podemos encontrar que proviene de lo que se encuentra escrito en la palabra en el viejo testamento, pero a través de Jesús los hijos de Dios se hacen parte de ese sacerdocio.

1 Pedro 2:9 dice:
«Más ustedes son linaje escogido, real sacerdocio, nación santa, pueblo que pertenece a Dios, para dar a conocer, proclamar las obras maravillosas de aquel que los lleva a salir de la oscuridad a la luz.»

Romanos 8:14 dice:
«Porque todos los que son guiados por el Espíritu de Dios, éstos son hijos de Dios».

DIOS HABLA POR MEDIO DE SU CUERPO

Parte de mi desarrollo ha sido experimentar cómo Dios mismo me ha hablado durante la semana en tiempo de intimidad con Él; y luego lo escuché hablar por medio del predicador en mi congregación. El mismo tema a tratar el domingo, es el tema que Dios estuvo impartiendo en mi corazón. Esto me ayudó a profundizar en el conocimiento de Dios y me enseñó cómo Dios habla a través de su cuerpo: sus hijos. Cada revelación me ha ayudado a identificar lo que es verdadero. ¿Cómo lo distinguimos entre tantas voces y opiniones? Solo a través de Jesucristo, quien es el camino, la verdad y la vida (Juan 14:16). Solo al escuchar Su voz y adquirir madurez espiritual, es que podemos identificar lo que es verdadero y lo que no. Jesús es el Espíritu de la profecía, el Espíritu de verdad.

Dios nos hizo familia, y cada persona es importante dentro de esa familia. Pero todo empieza con la comunión con Él. Es responsabilidad de cada persona ir más profundo en Dios, ya que el crecimiento personal depende totalmente de esa comunión. Muchas veces hemos seguido costumbres y patrones de los que participamos, sin detenernos a pensar por qué lo hacemos, hasta que empezamos a entrar en una verdadera comunión y relación con Dios y a crecer en su conocimiento.

Si hablamos de la comunión representada a través del pan y el vino, nos damos cuenta de que es el recordatorio que representa el sacrificio de Jesús, y Él mismo nos invita a hacerlo para que cada día tengamos presente quién es en nuestras vidas, lo que significa su sacrificio y resurrección en nosotros. No olvidar su sacrificio y resurrección nos recuerda que Él, no solo está presente en nuestras vidas, sino que nos lleva a vivir en todo lo relacionado a Él a través de su divinidad.

Dios no necesita que lo entendamos todo porque Él mismo se encarga de posicionar nuestras vidas; pero sí necesita que pongamos toda nuestra atención en Él y caminemos dejándonos guiar, y siendo sensibles a Su voz, siendo obedientes a la instrucción; entender eso permite que Él pueda forjar el camino que hemos de caminar.

Su gracia se encuentra en todo aquel que dispone su corazón a Él, también obra sobre aquellos que no saben cómo identificar Su voz, pero que Dios en su misericordia hace su voluntad para preservar algo o la vida de alguien; pero es el corazón de Dios que todos crezcamos en el conocimiento de Él para poder avanzar a todo lo que Él quiere llevarnos.

Romanos 14:8-10 (DHH) dice:
«Si vivimos, para el Señor vivimos; y si morimos, para el Señor morimos. De manera que, tanto en la vida como en la muerte, del Señor somos. Para eso murió Cristo y volvió a la vida: para ser Señor tanto de los muertos como de los vivos.»

Todo tiene que ver con y para Él, nuestras vidas vienen de Él y si no estamos conectados a Él no vamos a caminar en todo lo que ha preparado para nosotros y que tiene que ver con nuestra existencia en este mundo.

Sin Dios no soy nada, y todo lo que soy depende de su voz. Él conoce todas las cosas, no es que no tendremos aflicciones, situaciones en este mundo, pero Jesús dijo: «confiad que yo he vencido al mundo» (Juan 16:33).

Él es el centro de todo. Ser íntima con Él me lleva a

conocer lo que hay en su corazón, tanto para colaborar con Él, como para ser guiada por Su voz.

Dios nos lleva a niveles de profundidad que no imaginamos. Es hermoso cómo Dios puede revelar la condición del corazón de alguien para llevar esperanza, vida y sanidad. A través de visiones he podido recibir lo que Dios quiere hacer en un determinado momento, como lo es el orar por personas que han recibido sanidad. No se trata de ser más especial que nadie, sino de ser íntimos y colaboradores con Él, se trata de ser guiados y anhelar vivir en su presencia en todo tiempo.

A medida que nos vamos desarrollando y afianzando en Él, vamos aprendiendo a identificar su voz. La Palabra dice: «Mas buscad el reino de Dios y su justicia y todas estas cosas vendrá por añadidura» (Mateo 6:33). Todas estas cosas, se refiere a que cuando nos preocupamos por lo que es importante para Él, todo lo de nosotros pasa a ser parte de Él. Dios hace un pacto con sus hijos. La clave es obedecer y rendirnos a Él. No lo sabemos todo, y precisamente esa es la razón por la que necesitamos vivir una vida dependiente de Él.

LLAMADOS A COLABORAR CON SU PLAN

Recuerdo una vez que me encontraba en mi trabajo y una de mis hijas me llamó para decirme que quería ir a la playa con un grupo de amigos. Yo no me sentía muy segura de dejarla ir, ya que la playa estaba a una hora de distancia en tren; pero aun así le dije que sí. Me quedé un poco inquieta, por lo que opté por orar y dije:

—Señor, tú tienes cuidado de ella. Yo declaro y pido, en tu nombre, que cubras su vida.

Ya estando yo en casa, ella regresó de la playa y vino hacia mí con gran conmoción, diciéndome:

—Por favor, dime que no estoy loca.

—¿Por qué? —le pregunté.

Me dijo que cuando iban a tomar el tren de regreso, ella escuchó una voz que le dijo que no se montara en el tren que pensaba tomar en ese momento; en su interior sabía que debía esperar el próximo tren y les dijo a sus amigos que ella no tomaría ese tren y que esperaría por otro. Ella expresó que la voz era insistente, y que todos sus amigos esperaron con ella, aun cuando insistían en tomar el tren; pero fue obediente y siguió la instrucción, luego llegó bien a casa. Yo le expliqué que había escuchado la voz de Dios, que era muy normal que lo escuchara, y que había hecho lo correcto. ciertamente aun y sin ella no conocer todos los detalles, simplemente fue un momento en donde ella decidió confiar y ser obediente a la voz de Dios. Era evidente que Dios se estaba dando a conocer y que nos estaba haciendo sensibles a Su presencia. No significa que no estuvo antes: Él siempre mira nuestras vidas y hace lo mejor de ellas. Por eso Jesús se sacrificó para hacerse accesible a nosotros.

En el momento que me dijo: «Déjate guiar, porque hay cosas que tú no entiendes», comencé a entender que yo dependía e iba a necesitar depender de la voz de Dios cada uno de los días de mi vida, y que necesitaba ser colaboradora de Él para poder caminar bajo Su instrucción y diseño, que ya no dependía más de mis fuerzas o de mi entendimiento, sino de Su voz.

En innumerables ocasiones escuché a Dios decirme que me mantuviera firme, que confiara en Él y que me dejara guiar, que todo en mi vida dependía de eso, fui entendiendo que no es para mi propio beneficio, sino para colaborar con lo que está bajo su voluntad, incluyendo mi vida misma.

Entender que somos parte de Él, y que Él habita en nosotros como casa de Dios que somos, templo de Su Espíritu, y tenemos ese acceso directo a lo celestial, eso cambia por completo nuestra perspectiva y cómo nos relacionamos con Dios.

Para lograr esa vida necesitamos tener disciplina espiritual. Al principio seremos como bebés y necesitamos apartar tiempo para aprender; pero una vez que crecemos y nos familiarizamos con Su presencia, podemos estar conectados a Él incluso mientras dormimos.

Pasar tiempo en Su Palabra es vital, como también en oración y adoración. La adoración tiene el poder de llevarnos a Su presencia. Yo describo la adoración como el desbordamiento del corazón en donde el cielo fluye. La adoración no se limita a un tiempo específico, ni lo que es cantar, sino que la adoración es una vida rendida a Dios donde algo muere en nosotros para que su vida sea la que ocupe el lugar en nuestro corazón, en lo más íntimo de nuestro interior. Orar, declarar y pedir es importante, pero eso es producto de una vida íntima con Dios. El enfoque primario es su Presencia.

Ciertamente hay momentos diseñados de oración y adoración que provocan que algo de su vida se haga manifiesto, ya sea en nosotros o lo que Dios hace a través de nosotros. No existe un momento específico para que Dios se manifieste, pero esos momentos provocan que algo surja a través de su presencia, es como darle algo a Dios y provocar que él responda. Entiendo que son tiempos en los que el anhela que tengamos con Él, pero que ciertamente debe haber algo que fluya de nuestro corazón. Lo mismo la oración, esos momentos en donde buscamos tener ese diálogo con Dios y en donde también algo se establece.

También está lo que es la oración intercesora, la cual se puede dar a través de nosotros intencionalmente declarar palabras para establecer algo de Dios sobre una situación o causa, pero que en realidad son efectivas cuando Dios manifiesta su poder, claro que hay momentos en que Dios mismo nos puede llevar a producir o establecer algo a través de una oración intercesora, eso cuando descubrimos que Él puede mover el cielo a través de lo que él deposita en nosotros, en un momento en el que Dios crea a través de su palabra o manifiesta su poder, un momento en el que nos puede usar como canales para establecer algo aquí en la tierra. Él también escucha las oraciones sin palabras a través del clamor de un corazón.

1 Tesalonicenses 5:16-17 dice:
«Oren sin cesar. Dad gracias en todo, porque esta es la voluntad de Dios para con todos ustedes en Cristo Jesús.»

Nuestra rutina, vida diaria, no es interrumpida por nuestra vida de oración, pero nuestra vida de oración si puede estar siendo interrumpida por la rutina diaria. No siempre que oremos vamos a escuchar o recibir algo, es posible que no recibamos nada, pero no quiere decir que Dios no está con nosotros, hasta su silencio cumple una intención. Una vida de oración nos prepara para que en esos momentos que no vemos o escuchamos a Dios hacer o decir algo, podamos ser sostenidos a través del carácter y la madurez que Él va formando en nosotros.

Es importante aprender a callar toda voz de distracción que nos robe su atención. Es importante identificar qué voces estamos escuchando; ninguna voz de desesperanza viene de Dios, si Dios nos alerta de algo podemos tener la confianza de que podemos orar y descansar en saber que en Él está la respuesta.

Mientras fui adquiriendo madurez y desarrollando mi habilidad de escucharlo, cada vez más comencé a entender que la vida no se hizo para yo caminar sola. En varias ocasiones me dijo: «Caminemos juntos». Él necesita que caminemos, no delante, no detrás, no a nuestra manera, sino a su lado. Implica tomarlo en cuenta a la hora de tomar decisiones. De por sí, Dios camina con nosotros en todo momento.

Dios no nos va a hablar o revelar todo, pero sí nos va a guiar en todo. Si nos enseñara las cosas antes de estar preparados, creo que no seríamos capaces de dar el paso y hacerlo, muchas de las cosas de las que Dios quiere hacernos partícipes no cabrían en nuestra mente de tan grandes y maravillosas; pero ciertamente Él nos va dando lo que necesitamos, Dios puede darnos lo que necesitamos en un instante, aun sin que lo pidamos. Dios espera nuestra permanencia y obediencia, cada instrucción está diseñada para ejecutar todo lo que ya ha preparado de antemano; cuando Él habla, aun por simple que parezca, hay algo que nos dirige a lo próximo.

Una vez alguien me dijo que no me basara en mis fuerzas, que Él me daría la instrucción de hoy, no la de mañana. Él nos va señalando el camino hacia dónde nos lleva y va trazando la visión de lo que habla a nuestras vidas, así, irnos dando entendimiento y caminemos por fe y no por vista.

Una de las cosas a las que Dios me llevó fue a tener una función de intercesora en mi congregación, digo función porque la intercesión no está limitada a un grupo de personas, todo hijo de Dios puede interceder y ver a Dios obrar, pero las funciones establecen el cómo colaboramos en establecer el reino de Dios aquí en la tierra. La intercesión ha sido una función que me ha ayudado a llegar a niveles profundos en esa esfera espiritual que solo el Espíritu Santo puede llevarnos. La Palabra misma dice en Efesios 2:6 que nos resucitó juntamente con Él y estamos sentados en lugares celestiales junto a Él. Hay diversidad de dones que Dios nos da según Él dispone, de eso nos habla 1 Corintios 12.

Para mí, no tiene precio ver la bondad de Dios sobre la vida de alguien. He entendido que la prioridad de su corazón es que toda la humanidad viva con un corazón para Él. Parte de los dones del espíritu son el don de palabras de ciencia y sabiduría, ellas son revelación de Dios para dar a conocer algo y para dar la respuesta o solución a algo, como también marcar Su camino.

La Palabra es muy clara en dejarnos saber que la intención de Dios a través de los hijos de Dios en Cristo y los dones del Espíritu siempre es edificar, exhortar, instruir y guiar a Su iglesia, aun cuando Dios nos confronta lo hace para traer verdad, la cual produce vida, preserva y protege.

En el amor de Dios se encuentra Su poder transformador, y detrás de su poder se manifiesta Su amor.

Cuando nuestro intelecto humano, nuestra carne se debilita, el espíritu crece.

La razón por la que Dios quiere ser buscado es porque nos purifica y aumenta nuestro entendimiento y madurez espiritual, así es que Él va fortaleciéndose; en áreas en las que somos débiles, Él se hace fuerte en nosotros.

Dios confía sus tesoros a aquellos que se muestran fieles en lo poco, que muestran amar lo que él ama, eso al amarlo a Él, y hacer Su voluntad.

El mejor ejemplo es la persona de Jesús, el espíritu de verdad que es Jesús mismo, Él nos lleva a toda verdad, a veces puede ser incómodo porque en nuestra naturaleza humana nunca queremos vernos expuestos, ni exponer nuestros errores, nuestras heridas: o cambiar de la manera que pensamos o conocemos, y es ahí donde Dios al darnos la revelación de Su verdad penetra en cosas tan profundas que se encuentran en nuestra mente y corazón, las cuales Él conoce muy bien y que ni nosotros mismos vemos.

La presencia de Dios es un lugar seguro. Necesitamos conocernos en Él.

Lo que Dios hace en privado lo revela en público, Él nos lleva a vivir desde adentro hacia a afuera. Nuestras palabras deben estar alineadas a lo que está en el corazón de Dios, con ellas creamos destinos y cambiamos circunstancias, no son simples palabras al aire.

Es sumamente importante saber que escuchamos, de que alimentamos nuestro espíritu ya que eso nos incrementa o nos roba. Nuestros pensamientos nos ayudan a identificar qué tanto estamos escuchando la voz de Dios.

Lucas 6:45 dice:
«De la abundancia del corazón habla la boca»;

Proverbios 4:23 dice:
«Sobre toda cosa guarda tu corazón porque de él fluye la vida».

Dios conoce las intenciones del corazón y nos encuentra en medio de ellas, está en nosotros dejarnos llevar por su voz. siempre he dicho que escuchar es importante, claro que el saber escuchar es algo que a través de la madurez se perfecciona, a quien escuchamos, porque y para que escuchamos, ciertamente es importante preguntárnoslo, y es precisamente a través de la sabiduría que Dios nos da que nos ayuda a identificar a qué damos entrada en nuestra vida. Es necesario conocer e identificar qué cosas nos edifican. Al adquirir madurez en Dios podemos identificar lo verdadero. Dios crea a través de Su voz, y con Su voz todo toma forma.

ORA CONMIGO:

Señor, hoy me hago sensible a tu voz, despierta y lleva mis sentidos espirituales a reconocer tu voz y tu presencia, hazme partícipe de tu realidad, dándome el discernimiento que viene de tu Espíritu Santo, en el nombre de tu hijo amado, Jesús.

CAPÍTULO IV

AMANDO COMO DIOS AMA

En una ocasión en la que hablaba con una amiga sobre lo que es amar, ella me preguntó:

—¿Cómo sabes cuándo amas a alguien?
Por lo que yo contesté:

—Depende de la relación.

Su respuesta fue:

—No hay un depende, no hay tal cosa, no hay nada que alguien pueda hacer para que la ames o no, simplemente se ama, aun cuando no nos relacionamos igual con todo el mundo. En ese momento empecé a entender que el amor no depende de las actitudes de los demás, sino de la actitud de nuestro corazón. Cuando reducimos el amor a un sentimiento, le quitamos valor. Nuestra perspectiva antes nuestras relaciones están determinadas por cómo somos en nuestro interior, más que por las relaciones mismas.

Mateo 22:36-40 habla de lo primero y más importante:
«—Maestro, ¿cuál es el mandamiento más importante de la ley?

"Ama al Señor tu Dios con todo tu corazón, con todo tu ser y con toda tu mente" —le respondió Jesús—. Este es el primero y el más importante de los mandamientos. El segundo se parece a éste: "Ama a tu prójimo como a ti mismo".»

Amar como Dios ama se hace imposible sin la esencia de Dios mismo. El amor viene de Dios y solo cuando Su amor habita en nosotros es que verdaderamente amamos. Mateo 22 dice que debemos amar a Dios primero que todo y luego amar a los demás como a nosotros mismos.

Si el mundo no conoce el amor y la vida que viene de Dios, jamás podrá amar a Dios, como tampoco se podrá amar así mismo de la manera que Dios planeó que nos amemos, tampoco a los demás.

Hemos conocido el amor como un sentimiento, cuando amar es una decisión. La razón por la cual Dios nos llama a amarlo por sobre todas las cosas es porque en Él está la respuesta a la vida misma. Todo lo que somos fue diseñado por Él, fuera de Él no hay vida; y si no hay vida, no hay amor. En el amor de Dios se encuentra todo su poder, el amor que viene de Dios es incondicional, es inmovible, es dulce, es suave, y al mismo tiempo fuerte e inquebrantable.

Amar no solo se trata de amar a alguien, sino que es todo lo relacionado a nosotros, lo que somos, hacemos y cómo nos relacionamos. El amor es la esencia de cómo fuimos creados, a imagen y semejanza de nuestro creador. Dios es amor.

Ciertamente que hemos experimentado amor o sentido amor aun antes de haber establecido una relación con Dios, y es precisamente porque fuimos creados para amar y ser amados. Dios lleva Su amor a través de toda su creación, pero amar con el amor de Dios, desde la esencia del corazón de Dios, surge de un corazón que ha recibido el amor de Dios, y que, al amar a Dios, y hacer de nuestra relación con Él lo primero y más importante, vamos siendo perfeccionados en lo que es amar, lo cual solo se puede lograr a través de nuestra relación con Dios mismo. Eso es lo que significa volver al primer amor, es venir al inicio y esencia del amor, el cual es Dios.

Si nos damos cuenta, el ser humano vive en una constante búsqueda de amor, ya que es nuestra naturaleza misma. Pero no es hasta que rendimos nuestra voluntad a la voluntad de Dios que se empieza a experimentar la grandeza del amor de Dios y en donde al establecerse esa relación de nosotros con Él, se convierte en el punto de partida de nosotros poder tener relaciones sanas.

En innumerables ocasiones podemos haber creído haber amado y hemos basado el amor en intereses personales, y muchas otras cosas que han querido definir lo que es amar. El estado de nuestra alma determina cómo amamos y hasta cómo buscamos el amor. Pero amar más que tener que ver con recibir tiene que ver con lo que damos.

No es hasta el momento en que entendemos que nuestras vidas son de Dios y no nuestras, cuando entendemos que Dios nos dio la vida y que de nuestra vida dependen muchas otras, que nuestra perspectiva cambia, la manera en que nos relacionamos cambia. Necesitamos tener claro que Dios nos ha dado la vida y con ella también nos ha dado libre albedrío, o sea, libertad de elegir, pero una vez que entendemos que nuestra vida no es vida separada de Él, cuando entendemos eso, podemos enfocar a Dios como el centro de nuestras vidas y podemos conocer y experimentar lo que es amar verdaderamente, así como Dios ama.

1 Juan 4:7-9 dice: «Queridos hermanos, amémonos los unos a los otros, porque el amor viene de Dios, y todo el que ama ha nacido de él y lo conoce. El que no ama no conoce a Dios, porque Dios es amor. Así manifestó Dios su amor entre nosotros: en que envió a su Hijo unigénito al mundo para que vivamos por medio de él.»

De ahí que el amar sea el mandato que resume todos los mandatos: amar como Dios ama, amar como nos amó Jesús, es un amor sin precedentes, amar sin otra medida que la del amor que Dios nos tiene, el cual encierra todo lo creado, la humanidad misma. Es importante entender que cada mandato que Dios nos da se debe a que de ellos depende la vida. Ninguno de sus mandatos es para controlarnos, sino para preservar y proteger nuestras vidas y relaciones. Esta es la razón por la que, sin Dios, nuestro amor será limitado, condicional y hasta ciego como muchos han experimentado.

Amar a Dios es obediencia porque se trata de un corazón que se ha rendido ante Él, en la que se crea una relación de confianza, en donde se anhela hacer Su voluntad. De lo contrario no nos estuviéramos relacionando con Él, sino que viviríamos bajo imposición, en vez de una sujeción voluntaria, en donde me rindo y me sujeto a su dirección porque sé que Él es el fundamento de la vida misma.

Este es el principio de todo, en el momento que descubrimos el amor de Dios a través de Jesús, es cuando nuestro corazón se posiciona a amar. El amor de Dios es un amor que trasciende, una vez que se conoce es imposible no rendirse ante él. Todo lo que es importante para Él, pasa a ser importante para nosotros. Así como todo lo nuestro es importante para Dios.

Así como necesitamos a Jesús en todas las áreas de

nuestras vidas, y poder vivir bajo la guía y dirección del Espíritu Santo, así mismo vamos a necesitarlo para todo lo que tiene que ver con relacionarnos. Dios creó la familia, sociedad y cada persona forma una parte esencial dentro de esa sociedad, pero la realidad es que solo podemos dar lo que portamos, por eso necesitamos al Espíritu Santo, primero para preservar nuestro corazón y por ende preservar nuestras relaciones.

Jesús dejó la tumba vacía para poder estar con nosotros cada uno de los días de nuestras vidas, para darnos a conocer el amor y la voluntad del Padre. Al relacionarnos con el Espíritu Santo, Él sabe cómo guiarnos, cómo mostrarnos las áreas en las que no vemos con claridad. Si amamos desde el amor de Dios, nunca dejaremos de amar a los demás, pero si sabremos cómo establecer límites sanos. Precisamente porque nos relacionamos con personas que también tendrán su propia perspectiva, opiniones y diferentes niveles de madurez. Es indispensable primero relacionarnos con Dios y a la vez con nosotros mismos, y así poder relacionarnos con los demás.

Ciertamente hay toda una obra de corazón que Dios va a haciendo en nosotros, un proceso en donde vamos sanando heridas pasadas, vamos descubriendo quienes somos en Él, ya que vamos descubriendo y abriendo nuestros ojos a lo que es vivir en armonía y reconciliación con nuestro ser, a la medida que Dios nos envuelve en su verdad. Tal vez te preguntas ¿cuál es la verdad en la que Dios nos envuelve? y es todo lo que a nuestra perspectiva parecíamos entender, pero que Él en su infinita gracia y sabiduría nos lleva a conocer, ya que la verdad absoluta solo viene de Él. Es un proceso en el que vamos siendo fortalecidos, en donde vemos su cuidado, como nos ama, como nos afirma.

La vulnerabilidad es necesaria para que Dios pueda hacer su obra en nuestros corazones, solamente podemos ser vulnerables ante alguien en quien confiamos y solamente vamos a confiar en Dios cuando nos rendimos a Él, cuando ante Él perdemos el temor de que áreas de nuestro corazón sean expuestas, al entender que Él nos conoce mejor que nosotros mismos, que el ya conoce esas áreas, aun cuando nosotros queremos esconderlas ante el temor de confrontarlas. El amor de Dios sabe cómo sacar lo mejor de nosotros, cuando su amor nos confronta siempre el resultado será llevarnos a la mayor expresión de cómo fuimos creados.

Cuando le abrimos nuestro corazón a Dios adquirimos madurez y el discernimiento de ver las cosas como él las ve. En Él tenemos la capacidad de amar mucho más allá de nuestras circunstancias, ya que el amor en Dios está regido por la esencia de quién es Él. Solo el amor de Dios te prepara para soportar cualquier dolor, inclusive te da la firmeza de pararte en Su amor y hacer de tu vida respuesta de Dios en cualquier circunstancia.

Nuestras relaciones van a depender de cómo nos relacionamos con Dios, pero sobre todo el amarnos a nosotros mismos va a depender de cómo nos relacionamos y lo amamos a Él. Nuestro nivel de entrega le permite a Dios accesar lo más profundo de nuestro ser, y es ahí, en donde no solo Dios restaura lo que pudo haber sido dañado, sino que Él incrementa nuestra vida al expandir nuestro entendimiento. A través de su visión nos ayuda a no basarnos en nuestro propio entendimiento y nos ayuda a valorar correctamente. No hablo de tener razón o no en algo, sino en valorar y poner por prioridad lo que es importante.

El amor de Dios es un amor sobrenatural que nos encuentra en nuestra debilidad. Es un amor que nos libera y nos hace plenos. Esta obra no solo trata de restaurar lo que fue dañado, sino que cada día vamos a necesitar que Dios sea el centro de nuestras vidas, cada día nos toca vivir algo nuevo.

Descubrir cómo Dios tiene en sus pensamientos cada cosa que nos concierne nos hace ser vulnerables y rendirnos ante Él, debido a su gran amor. Eso, si verdaderamente hemos sido tocados por su amor. Él nos va enseñando el verdadero valor de la vida, nos lleva a conocer y a pensar en todo lo que es verdadero, todo lo que es honesto, todo lo que es justo, todo lo que es amable y de buen nombre, como dice Su Palabra en Filipenses 4:8.

Durante nuestra trayectoria de vida, y en medio de lo que es un mundo caído y confuso que se maneja en un sistema de sobrevivencia, se nos enseña a amar y relacionarnos de acuerdo con nuestras experiencias, circunstancias, condiciones de vida, o necesidades; muchas veces, basando el amor en lo que conocemos, sentimos, en lo que poseemos: intereses personales, inseguridades o dependencias, entre otras. Podemos ver cómo las heridas del corazón determinan la forma en cómo las personas se relacionan y determinan el curso de esas relaciones. Algunos lugares basan el amor y las relaciones en costumbres culturales. Mientras que cuando vivimos y andamos bajo los estatutos y guía del Espíritu Santo, en vez de por nuestros sentidos naturales, colaboramos con lo que Dios ha dicho o espera de nosotros.

La razón por la que hay tanta confusión en este mundo es precisamente por un mundo que no conoce el amor a través del amor de Dios. No creo que haya una persona en este mundo que no haya sufrido por la falta del amor que proviene de Dios, cuyos corazones no hayan sido de alguna manera afectados, por ofensas, rechazo o alguna clase de desamor por nombrar algunas. Si tu vida es parecida a la mía, en la que siempre he estado rodeada de amor y de personas que siempre han tenido un cuidado especial conmigo; pero que lejos de que haya sido perfecta, también he sufrido heridas y ofensas, o si, por el contrario, tal vez te tocó vivir una vida difícil, te puedo decir que hay esperanza, precisamente porque la esperanza no es algo, sino alguien: Jesús.

Ciertamente que al nacer no elegimos quienes van a ser nuestras familias, nuestros padres, tampoco elegimos cómo nos toca vivir siendo pequeños, pero lo que si vamos a elegir y decidir es qué cómo vamos a seguir viviendo y a seguir reproduciendo.

Se necesita determinación y firmeza para abrazar la vida que Dios nos ofrece y vivir bajo la verdadera y única bendición una vida que reproduce lo que viene de Él.

Deuteronomio 30:15-20 (NVI): «Hoy te doy a elegir entre la vida y la muerte, entre el bien y el mal. 16 Hoy te ordeno que ames al Señor tu Dios, que andes en sus caminos, y que cumplas sus mandamientos, preceptos y leyes. Así vivirás y te multiplicarás, y el Señor tu Dios te bendecirá en la tierra de la que vas a tomar posesión.

Mi testimonio ha sido, primero cómo Dios ha sanado mi corazón de heridas que me marcaron, e incluso de cosas que yo no podía identificar, por lo que no podía amarme correctamente, ni pude haber amado correctamente. Fundamente el amor en una necesidad, en una dependencia, siempre tratando de llenar el vacío que tenía dentro y que tampoco entendía. A raíz de eso, me caractericé por ser muy permisiva y ahora entiendo que de esa forma no amaba, sino que no ayudaba a aquellos que creí amar. No se puede dar de lo que se carece. Hablo de que me caractericé por tener una compasión excesiva en la que me perdía a mí misma, lo cual no es amor, más bien debilidad de carácter, falta de madurez, totalmente contrario a la compasión que proviene del amor de Dios, esa compasión es la que nos permite amar a los demás aun reconociendo sus errores, pero nos hace esa persona que sabe hacer la diferencia en la vida de los demás a través de establecer límites sanos.

Lo que desde niño se vive y se aprende impacta y define la vida, lo cual no siempre es como Dios lo define. Lo que porta un corazón es lo mismo que dará a otros. Dios ha impactado mi corazón. Al conocerlo, y con Su amor y sus palabras, ha traído sanidad, libertad y entendimiento. Ha transformado la forma en que me amó, primero a mí misma y a los demás. Conocerlo me ha llevado a amarlo por sobre todas las cosas, aunque creo que nunca podremos amarlo más de lo que Él nos ama.

Él nos enseña a amar desde nuestro interior y a no ser movidos por lo externo, reconociendo que Él es la fuente que produce y fluye vida desde nuestro interior. Necesitamos ver y accionar desde su perspectiva para amar como Dios ama. Jesús no solo nos vino a dar vida, sino a darnos Su vida.

1 Corintios 13:13 (NTV) dice: «Tres cosas durarán para siempre: la fe, la esperanza y el amor; y la mayor de las tres es el amor».

LOS ADVERSARIOS DEL AMOR

La ofensa es uno de los principales adversarios del amor, la cual puede crear raíces en un corazón inmaduro y previamente herido. Sin embargo, difícilmente pudiera alojarse en un corazón que ha sido procesado por Dios y que ha adquirido madurez espiritual.

Un corazón inmaduro ama basado en sus necesidades, se maneja de acuerdo a sus temores, a sus luchas, a cómo piensa y entiende, pero sobre todo se centra en sí mismo.

Ciertamente fuimos creados a imagen y semejanza de Dios y unas de las características que nos identifica como parte de Su naturaleza divina es nuestro sentido de justicia, ya que en su naturaleza divina Dios es justo. Esa es la razón por la que siempre vamos a emitir juicio y opiniones ante algo o ante alguien. Claramente Dios nos ha dotado de una mente que tiene la habilidad de razonar, pero que para emitir buen juicio va a necesitar depender de cierta madurez y de un corazón sano, pero que sobre todo conoce el corazón de Dios y que parte de una dependencia de Él. Nunca podremos emitir un verdadero juicio, aun en nosotros mismos, sin la opinión de Dios. Nuestro sentido de justicia debe ir ligado al amor y justicia de Dios. Cuando se ama como Dios ama, esa justicia se maneja desde el lente de Dios y no desde el lente natural.

Para vivir una vida en donde no somos movidos por nuestras emociones, se necesita permanentemente estar expuestos a la voz de Dios. Estar dispuestos a reconocer dónde nos equivocamos, aun en el caso de creer tener la razón, recordar que cuando verdaderamente nuestra vida es regida por Dios, actuamos desde un lugar de madurez conforme a su corazón. Aun siendo sacudidos por una ofensa, es posible poder manejarse en integridad, dominio propio y hasta compasión, por el hecho de poder ver más allá de la ofensa. La madurez que proviene del conocimiento de Dios nos permite valorar lo que es importante en cada situación que manejamos, haciendo todo como para el Señor.

Decidir no permitir que la ofensa te domine o dañe es aprender a valorar qué pesa más y qué es importante. Es primordial entender que no tenemos control sobre los demás, pero que sí podemos ser influencia, a la medida que los demás se hacen vulnerables, muchas veces lo que hace la diferencia no es la acción sino la reacción ante esa acción.

EL PODER DEL PERDÓN

Perdonar es esencial para poder amar como Dios ama. El perdón es esencial para tu propio corazón ya que el corazón experimenta libertad y sanidad; y no solo lo experimentamos en nuestra alma y corazón, sino que espiritualmente el perdón libera a otros.

Colosenses 3:13 dice:
«Sean comprensivos con las faltas de los demás y perdonen a todo el que los ofenda. Recuerden que el Señor los perdonó a ustedes, así que ustedes deben perdonar a otros.»

El perdón no se trata de tener razón en una situación, más que un sentimiento, es una decisión; y muchas veces es hasta necesario confesarlo. Es importante no solo perdonar a otros, sino perdonarse a uno mismo.

La falta de perdón nos encadena, nos angustia, nos quita la paz. La vida está llena de personas que creen haber olvidado ofensas, muchas veces porque no conocen el poder del perdón, tal vez porque piensan que con no mencionar o ignorar una ofensa ya han resuelto el problema, dejando atrás algo que queda olvidado, pero que en su corazón todavía pueden estar reteniendo raíces de dolor que no les permite avanzar, y es ahí donde es importante ser intencionales y perdonar, pedirle al Espíritu Santo que nos ayude a identificar esas raíces. Detrás de una ofensa se puede producir una herida; y es de valientes dejar que Dios pueda sanar, para recibir libertad y avanzar. Nadie puede ofendernos sin nuestro consentimiento. El amor de Dios nos hace inofendibles; todo tiene que ver con madurez espiritual, ya que Dios forma su corazón en nosotros, al irnos devolviendo la esencia de ser a su semejanza. Cuando alcanzamos esa madurez somos capaces de perdonar hasta lo imperdonable, o poder comprender hasta las cosas más difíciles. Nos hace capaces de tener una comunicación madura en circunstancias no tan agradables, sin que el dolor fluya en medio de ella.

El entendimiento es clave, se nos hace más fácil cuando entendemos que no todas las vidas de esta tierra viven bajo el fruto que proviene de una vida en Dios, que precisamente cada vida fue formada de acuerdo a la condición de vida que les pudo haber tocado vivir, incluyendo todo lo que pudo haber afectado positiva o negativamente esa vida. También entra en juego el conocer toda la dinámica espiritual que encierra nuestras vidas, cuando entendemos que una de ellas es que nuestra lucha no es contra carne ni sangre, esto quiere decir que no es sólo contra personas, sino contra poderes, contra autoridades, contra potestades que dominan este mundo de tinieblas, contra fuerzas espirituales malignas en las regiones celestiales (Efesios 6:12).

Lo que significa que, así como nuestra vida está regida por lo espiritual, no solo lo natural, también hay toda una inteligencia espiritual, que si no es de Dios, entonces es maligna.

La ofensa es el arma más usada por el enemigo en corazones que no conocen la realidad de Dios y su identidad como hijos. En aquellos que no están firmes en el amor de Dios. No voy a entrar mucho en hablar de estas dinámicas espirituales, pero sí es importante mencionar contra qué luchamos, así como también es importante conocer quién es Dios como Padre y todo lo que encierra su realidad. Aunque es importante identificar estas cosas tenemos que recordar que el amor de Dios sobrepasa toda oscuridad, que a través de Jesús toda oscuridad desvanece y que Su amor echa fuera todo temor.

EL PRINCIPIO FUNDAMENTAL DEL AMOR

La honra es un principio fundamental del amor, es amar lo que Dios ama y honra. Entender que Dios está en medio de todo y que podemos descansar en su cuidado, nos permite honrar lo que Él honra. Cuando honramos lo que Dios honra nos vamos a encontrar valorando las cosas correctas. Dios no nos ve como nosotros nos vemos, Él nos ve como real sacerdocio, obra de sus manos, aun cuando consideremos nuestras vidas como rotas e insuficientes. Todo parte de poder vernos como Él nos ve, de lo contrario nunca nos aceptamos y eso nos impide ser transformados a través de Su amor y alcanzar Su plenitud. Si una persona experimenta sequedad, es importante orar por la manifestación del amor de Dios sobre esa vida. Es el mismo amor de Dios lo que puede hacer la diferencia en una vida.

Recuerdo una vez que el Espíritu Santo me dijo: «La amabilidad es el pasaporte a la eternidad».

1 Juan 4:18 (NTV) dice:
«En esa clase de amor no hay temor, porque el amor perfecto expulsa todo temor. Si tenemos miedo es por temor al castigo, y esto muestra que no hemos experimentado plenamente el perfecto amor de Dios».

Solo el perfecto amor de Dios nos hace amar y ser amados. Solo en Dios somos completos aun cuando experimentemos algún sentimiento de abandono o rechazo. Él nos completa en Su presencia. El Espíritu Santo es el regalo de amor más grande que se nos ha sido dado. Juan 3:16 dice: «Porque tanto amó Dios al mundo que dio a su Hijo unigénito, para que todo el que cree en él no se pierda, sino que tenga vida eterna».

El amor de Cristo excede todo conocimiento, nos lleva a lo más profundo del corazón de Dios. Su amor es capaz de llevarnos a lo inimaginable. Su amor en nosotros rompe toda barrera, Su amor pelea y vence todo temor en nosotros, porque Su amor odia el temor. En el momento que conocemos Su amor es imposible no amarlo con pasión, así como Él nos ama de forma extravagante. Nos lleva a vencer todo límite y todo obstáculo. Él conoce nuestras heridas, temores y siempre busca que vengamos rendidos a Él y le entreguemos todo para hacernos poderosos en Él. Nunca en nuestra propia fuerza, sino a través de Su gracia. Es en Él, que descubrimos nuestra capacidad. Muchas personas al vivir ciertas crisis en vez de acercarse a Dios se alejan de Dios, pero el corazón del padre es siempre prosperarnos, Él es la única fuente en donde seremos verdaderamente restaurados. En Él podemos identificar que nos trae sequedad, ira, inconformidad; a medida que Él nos hace libres, sana, y afirma, aprendemos a cambiar todo eso y empezamos a ver las virtudes que Dios ve en nosotros.

Su amor nos ayuda a despojarnos de toda raíz de amargura, como lo es el rechazo, el desprecio, la baja autoestima, el temor, la inseguridad, la desesperación y el orgullo, especialmente este último que arraiga raíces fuertes en los corazones y que es enemigo del amor, ya que es una de las raíces más destructivas del alma y de la vida.

EL PODER SANADOR DE SU AMOR

Una de las cosas que conocí mientras Dios me hablaba de escribir este libro es de cómo Él me había enseñado a amar más allá de lo injusto, del dolor y de cómo Su amor es la razón que ha sostenido mi vida. No hay nada que llene más mi corazón que ver el cuidado de Dios en mí.

Recuerdo una vez en la que Dios me dio a conocer en un momento determinado, como mi corazón estaba frágil, y como era sostenido por Él.

Si hay algo que llena mi corazón es cómo Dios interviene en mis pensamientos e invade mis sentidos con sus palabras. En momentos como estos Su amor me levanta, es como si nada más importara, y lo que Él habla pasa a tener prioridad, y todo cobra sentido.

Manejarme con un corazón conforme al de Dios me ha permitido en muchas ocasiones orar por personas que habían representado dolor en mi vida. En esos momentos se trataba de amar como Dios ama, y no de lo que yo esperaba. No importa si somos merecedores o no, si nos manejamos bien o no, el corazón de Dios es siempre llevar salvación a un corazón en el que Dios quiere producir Su vida. Ver su cuidado para con las personas que amo, independientemente de si entienden Su amor, ha sido mi recompensa. Si hay algo que Dios siempre me ha hecho saber es que Él es un Dios de pacto y que es fiel.

Si miramos desde el punto de vista natural, nos negaremos de ver a las personas que nos han herido o han cometido errores con la compasión, misericordia y amor con que Dios los ve, quizás ni desearíamos orar; pero sí es posible desde un corazón que conoce y ama lo que Dios ama. Un corazón que ha sido enseñado a amar aun cuando la adversidad ha querido destruir. No es no reconocer la falta, sino creer en lo que Dios puede hacer en una vida y de cómo podemos ser aquellos que pueden hacer la diferencia. Necesitamos entender que el ser humano nos puede fallar aún y en las mejores de las intenciones, somos seres imperfectos perfeccionados en el amor del Padre.

Algo tiene que morir en nosotros para que algo de Él viva. Ese algo es la vida del hijo de Dios Jesús, que se dio a sí mismo por amor a nosotros.

Su amor nos preserva, nos guarda hasta de nosotros mismos. El amor verdadero solo puede fluir en un corazón limpio y esa es la razón por la que Dios quiere santificar nuestro corazón; así como Dios es santo, Él nos llama santos porque es su naturaleza y a través de Su amor Él nos santifica. De ahí el anhelo de Dios que habitemos en Su presencia, manteniéndonos unidos a Él. Si nosotros no somos completos en Dios, nada más nos podrá llenar. La búsqueda insaciable del ser humano de sentirse pleno y lleno, no es más que la búsqueda de la plenitud de Dios mismo, pero al no saberlo, el ser humano vive buscando saciarse incansablemente, sin darse cuenta cuál es la verdadera fuente de vida que sacia el alma.

Mientras escribía, el Espíritu Santo me llevó a 1 Tesalonicenses 4, que habla de la pureza del hombre y tiene que ver con llevar una vida que es agradable a Dios. Específicamente, este capítulo habla de la inmoralidad sexual porque es ahí donde el hombre busca saciar sus apetitos, pero no logra llenar su alma. La realidad es que en la inmoralidad no sólo se produce consecuencias naturales, sino también espirituales y toda una dinámica que opera a nivel del alma.

Lo que no viene de Dios, no da fruto ni es sostenido por Él; pero toda vida que le busca y se rinde a Él podrá ser restaurado y pleno en Su gracia y amor.

EL PAPEL DE LAS EMOCIONES A LA HORA DE AMAR

La condición de nuestra alma puede afectar las decisiones que tomamos, por eso vemos parejas que no permanecen, que fácilmente terminan la relación. Recuerdo una vez que el Espíritu Santo me decía que había personas que cambiaban de relaciones como cambiaban de ropa. Lo único que preserva la integridad y la permanencia es mantenernos en unidad con el Espíritu Santo, porque el amor que proviene de nosotros nunca será suficiente, para poder crear un compromiso genuino, sin ataduras, se necesita un compromiso con Dios.

Se necesita Su sabiduría y revelación. Solo al conocerlo a Él y vivir bajo la revelación que viene de Él, podemos mantenernos anclados y cimentados en el amor verdadero; y es ahí cuando basamos nuestras relaciones en un compromiso genuino. Hablo de relaciones sanas pero que aun siendo imperfectas se perfeccionan en Dios.

La honra no solo tiene que ver con las relaciones de pareja, sino con toda persona con la que nos relacionamos. Cuando honro a alguien lo hago por quien soy, no necesariamente porque la persona merezca ser honrado, honramos porque honramos a Dios y la vida que Él nos ha dado.

NADA NOS SEPARA DEL AMOR DE DIOS

No hay nada que podamos hacer que haga que Dios nos

ame más o menos. Simplemente nos ama y sin medidas, Su amor nunca cambia, su naturaleza es amor. El amor de Dios es un amor ágape el cual es fiel comprometido y el cual se basa en un pacto.

Dios no nos ama más por el hecho de que seamos mejores, aun al no rendirnos a Su voluntad, aun cuando no haya una disposición de ser transformados por Él, nos seguirá amando igual. Su amor es invariable; pero lo que sí cambia es nuestra habilidad de recibir Su amor y de relacionarnos con Él, de eso va a depender toda nuestra vida, todo lo que somos y todo lo que impactamos. Afecta nuestra forma de vivir, de ver, de amar y hasta de como privamos a otros de vivir lo que es una vida como Dios la diseñó, una vida bajo Su bendición.

He aprendido que nuestras emociones juegan un papel importante en cómo nos manejamos y que nuestros pensamientos influyen en nuestras emociones. Si te das cuenta, todo lo que te he venido hablando gira, inicia y termina en el mismo lugar: Dios y su reino. Si no entendemos y conocemos cuál es nuestro origen e identidad, fácilmente podemos vernos tomando decisiones movidas por nuestras emociones. Al conocerlo a Él empezamos a conocernos y darnos cuenta de que muchas de nuestras actitudes y decisiones fueron afectadas por el papel que han jugado nuestras emociones, las cuales nacieron en el interior, según lo que vivimos y conocimos a través de los años.

Nunca me detuve a pensar que las emociones fueron diseñadas con el propósito de ayudarnos a identificar lo que sentimos o experimentamos, y no para que mis actitudes o decisiones fueran afectadas como producto de ellas.

Nuestras emociones son una forma de dejarnos ver que está pasando dentro y fuera de nosotros; nuestros pensamientos influyen en nuestras emociones, y al mismo tiempo afecta nuestra percepción. Las emociones nunca fueron diseñadas para que nos controlen o dicten nuestra forma de vivir, menos aún para que determine nuestro destino. El Espíritu Santo es quien vivifica y guía a través de la sabiduría divina que viene de Dios.

Cuando empecé a dejarme guiar por la voz de Dios, no solo le permití guiarme, sino que intencionalmente busqué su dirección en todo. Solo en Él hay esperanza y la esperanza no defrauda porque la esperanza es Dios mismo.

Jesús dijo, refiriéndose al Espíritu Santo: «Pero les digo la verdad: Les conviene que me vaya porque, si no lo hago, el Consolador no vendrá a ustedes; en cambio, si me voy, se lo enviaré a ustedes.» (Juan 16:7).

En momentos de dolor y confusión, mi confianza en Dios ha sido tan grande, que en esos momentos iba a Él en oración, prefería declarar su bien sobre las cosas que no me agradaban, y optaba por orar en vez de quejarme. Un día, recibí una palabra en la que Dios me decía que Él veía cómo yo tornaba mis quejas en oración. Y respondiendo a mis oraciones, me dijo:

—Por lo que has orado y no pediste para ti, sino por otros, he escuchado tu oración y en mi tiempo será hecho...

Dios no me estaba diciendo que no podía venir ante Él con mis necesidades, lo que me dejaba saber es que él veía como mi corazón clamaba por otros, quizás hasta antes de pensar en mí misma.

El amor de Dios es luz que quita toda oscuridad, solo en Su amor vencemos, Su amor es fuego consumidor, pero también es tierno y sublime; Su amor es puro y deja huellas donde toca. Su amor es esperanza, Su amor es y produce la vida.

1 Corintios 13:4-7 dice:
«El amor es paciente, es bondadoso. El amor no es envidioso ni jactancioso ni orgulloso. No se comporta con rudeza, no es egoísta, no se enoja fácilmente, no guarda rencor. El amor no se deleita en la maldad, sino que se regocija con la verdad. Todo lo disculpa, todo lo cree, todo lo espera, todo lo soporta. El amor no es envidioso, ni egoísta, no ve lo suyo propio».

EL PELIGRO DEL ORGULLO

El orgullo es una fortaleza que se puede formar en un corazón que ha sido lastimado, que ha llegado a endurecerse y hasta cegarse, no permitiéndole ver lo que Dios ve, ni recibir lo que está en el corazón de Dios. El orgullo no nos permite estar cerca de Dios, aun cuando creamos en Él. La soberbia viene de un corazón que solo ve su propio dolor, frustración, interés; por lo que Dios tiene que llevar a ese corazón por un proceso de quebrantamiento. Hay corazones que se resisten tanto a Dios que sus vidas se deterioran; lo cual no es el corazón del Padre que así sea, más bien su corazón es llevarlos a conocer Su amor en donde pueden ser transformados.

Por lo general, el orgullo está acompañado del temor y la confusión, y tiende a que la persona se maneje en sus fuerzas y construya murallas. En otros casos, la prepotencia viene de un corazón ambicioso que solo piensa en sí mismo y su propio beneficio, no es capaz de pensar en lo que su vida causa o puede aportar a otros, actuando de forma ciega. Siempre hay raíces que marcan un corazón que muestra rasgos de sequedad, pero el que ha conocido el amor y cuidado de Dios sabe que su vida y su recompensa dependen totalmente de Él. Nuevamente hacemos mención 1 Juan 4:18 que dice en el amor no hay temor porque el que teme no ha sido perfeccionado en el amor. La humildad no es señal de debilidad, por el contrario, es sabiduría, fuerza y madurez, que permiten que un corazón sea libre y pueda amar.

Una vez más podemos citar lo que pasó con el pueblo de Israel al salir de Egipto y caminar por el desierto. Dios estuvo procesando sus corazones, enseñándoles que, a pesar de las pruebas, Él los sostenía. A ellos les tomó pasar 40 años en el desierto, porque no entendieron lo que era rendir sus vidas y ser agradecidos. El pueblo hebreo vivía en constante queja; aun cuando en cada necesidad Dios les hacía ver que estaba con ellos, aun así, no entendieron que el milagro mayor era lo que Dios quería hacer en sus corazones. Y que ya tenían la bendición con ellos, lo cual es tener a Dios mismo. De ellos haber puesto su mirada y su confianza, sus ojos en aquel que es la bendición, hubiesen llegado a entrar y tomar posesión de la tierra prometida y no hubiesen perdido tantos años de sus vidas. Fue precisamente la actitud de corazón que ellos optaron por tener, que hizo que no pudieran disfrutar de las bendiciones de Dios.

La tierra prometida puede ser ese sueño y anhelo que Dios ha puesto en tu corazón y el mío. La bendición es tenerlo a Él y con Él vivir todo lo que Él ha soñado para nosotros. Lo más importante es saber que nuestra vida no se trata de nosotros, sino de Él; pero que en el proceso somos grandemente bendecidos para ser de bendición. Dios reproduce su vida a través de ti y de mí; y si no entendemos eso vamos a pasar toda una vida estancados en cosas que Dios no diseñó.

Cuando Él se revela a sí mismo, está revelando su propia vida; su anhelo es que cada vida pueda ir más profundo en Él. Solo cuando somos tocados y llenos de ese amor es que podemos comprender su magnitud y amar como Él nos ama.

La queja no solo apaga, sino que mata el amor. Cuando solo tenemos ojos para lo que nos agobia, nos incomoda, lo que según nosotros vemos mal en los demás o en nuestras circunstancias, nos quedamos secos y no vemos lo que necesitamos rendir. nunca llegamos a ese intercambio que Jesús hizo en la cruz por nosotros, en donde en lugar de dolor y tristeza nos llena de su paz y gozo.

¿Qué tiene que morir en ti para que la vida del Señor aumente en ti?, ¿para alcanzar los sueños que tiene contigo?

Nada va a llenarte más que los sueños de Dios para tu vida.

Lo que nuestras actitudes siembran, determinan el curso de las vidas de personas importantes para nosotros y para Dios. Su amor me enseñó a morir a mí misma y a rendir mi ser para que Él guíe mi corazón a toda verdad, a Su visión y entendimiento y así aprender a rendir mi corona por amor a Él. Rendir mi corona es rendir mi vida a Él, así como por amor Jesús sacrificó su vida y la dio por cada uno de nosotros. Al rendir mi vida a sus pies y ante su cruz es cuando mi vida cobra su vida y mi corazón su corazón.

ORA CONMIGO:

Señor, recibo tu amor y recibo tu vida, llévame a ser la expresión de tu vida que has diseñado que sea; ayúdame a ser lleno de tu plenitud a medida que tu amor transforma mi vida.

CAPÍTULO V

VENCIENDO EL TEMOR

Cuando se trata de avanzar en la vida, el temor siempre es un gran obstáculo y nuestro principal adversario. Cuando hablamos de temor usualmente pensamos en algo a lo que le tenemos miedo, pero no siempre lo vemos como algo que nos paraliza a la realización de cosas en nuestras vidas. Aunque de alguna manera podemos experimentar una voz de alerta que nos indica que algo no está bien; hablo de una clase de temor que nos consume; ese que ciertamente no es nuestro aliado.

El temor al que me refiero es el que nos estanca e impide que nuestra vida avance y prospere. Hablo de esa clase de temor que nos abruma y nos atormenta, también de esa voz que nos dice que no somos capaces, que nada puede cambiar, que las cosas saldrán mal y ante el cual tenemos la tendencia de intimidarnos hasta paralizarnos. Nuestra reacción ante el temor nos lleva a no querer enfrentar alguna situación, abandonar algo o no dar el paso ante una decisión importante.

El temor puede venir en forma de duda, inseguridades, limitaciones y ansiedades. Lo peor que tiene el temor es que nos hace creer que es muy parte de nuestra vida: al no ser conocedores de la esperanza a la que hemos sido llamados. Precisamente cuando no conocemos, o nos olvidamos de como Dios nos ama. Escuchamos que Dios es amor y muchas veces decimos Dios nos ama, pero es cuando nos anclamos en ese amor, que nos convertimos en el mensaje de lo que decimos, ósea, ya no solo decimos Dios nos ama, sino que lo vivimos. El temor nos dice lo contrario, que Dios no nos ama, que algo no irá bien, que algo nos puede pasar. Si entendemos cuánto Dios nos ama no temeremos.

Cuando nos encontramos bajo temor es porque carecemos de una experiencia con el amor de Dios. Necesitamos recordar que Dios es el dueño de todo y tiene control de todo. Si Dios es nuestro papa y nos ama, entonces, cuando clamo a Él, me responde.

Gálatas 4:7 dice:
«Así que ya no eres esclavo, sino hijo; y si hijo, también heredero de Dios por medio de Cristo.»

El temor quiere siempre llevarnos a una percepción falsa en la que altera nuestro entendimiento y no nos permite ver las cosas con claridad. Siempre querrá magnificar lo que percibimos como algo mayor a nosotros, algo que no creeremos poder manejar, pensamos que no podemos ser libres del miedo.

El temor puede entrar en la vida de una persona como producto de experiencias pasadas, y hace que esa vida se encuentre desarmada, frágil, débil. Una forma de identificar el temor es el cansancio emocional excesivo, la ira, el enojo, son puertas que dan acceso al temor. Las experiencias negativas, traumas o heridas se alojan como raíces en el alma, no permitiendo vivir una vida en la que se establecen límites sanos. Que como resultado puede causar una sobreprotección, aislamiento, como también exponen a alguien que carece de tener límites sanos a dar acceso y entrada a todo. Ósea, el no saber a qué decir que no, o a que decir que sí.

Proverbios 25:28 (DHH) dice:
«Como ciudad sin muralla y expuesta al peligro, así es quien no sabe dominar sus impulsos.»

Es importante saber a qué le damos acceso. Nuestra vida es como una casa en la que construimos paredes y puertas y en la que decidimos a que le damos acceso, si nuestra vida no está anclada en Dios podemos estar levantando y construyendo nuestras vidas en un fundamento inseguro. El Espíritu Santo viene a construir las paredes de salvación en nosotros.

Es importante contar con un sistema de apoyo, personas que han podido vencer en áreas con las que podemos encontrarnos luchando. Es importante vivir en unidad y comunidad con personas que aman a Dios, en donde las circunstancias pueden parecer más grandes que nosotros, pero no más grandes que aquellos que nos rodean, que aquellos que portan la vida de Dios, como dice Efesios 3:20: «Y a Aquel que es poderoso para hacer todas las cosas mucho más abundantemente de lo que pedimos o entendemos, según el poder que actúa en nosotros,

El temor nos puede llevar a escondernos bajo una protección falsa que nos lleva a crear excusas para no avanzar, y terminamos tornando esas excusas en mentiras como mecanismo de defensa y como una clase de escape ante algo que consideramos no poder o querer enfrentar; cuando en realidad, confrontar las cosas de forma sabia es lo que nos lleva a ser libres del temor y en ese proceso podemos experimentar lo que es el coraje, fe y firmeza, que poco a poco nos lleva a una libertad interior. Al hacerlo nos damos cuenta de que la adversidad se vence primero en el interior y nos permite desarrollar esa madurez definida como paz, que nos permite expandir nuestra visión y que luego podemos llevar a cualquier situación o circunstancia al haber desarrollado esa firmeza interna que no creímos capaces de tener.

El coraje y la fortaleza no se adquieren al correr de nuestras circunstancias, sino al tener una visión nueva o diferente ante ellas, siempre guiados por el Espíritu del Padre que quiere prosperarnos, protegernos y hacernos valientes y sabios; al ser guiados por Él, podremos mirar desde el lente con que Dios ve.

La humanidad puede ver la confrontación desde un entendimiento inmaduro como algo negativo, destructivo, incómodo o que nos pone en un lugar de inseguridad, y por ello el temor nos deja con sueños inconclusos o situaciones no resueltas.

La razón por la que muchas veces no tenemos esperanza es porque vemos el temor en nuestra vida como una condición que nos define; eso cuando nos olvidamos de que nuestra ayuda y dirección viene de Dios.

1 Juan 4:18 dice:
«En el amor no hay temor, sino que el perfecto amor echa fuera el temor; porque el temor lleva en sí castigo. De donde el que teme, no ha sido perfeccionado en el amor.»

El temor siempre espera alguna clase de castigo. El temor es totalmente contrario a la fe y viene como voz de desesperanza, cuyo objetivo es derrotarnos; por eso es por lo que el amor de Dios se conoce como nuestra fuerza, y es a través de conocerlo a Él que a pesar de cualquier circunstancia podemos confiar en su cuidado. Solo a través del amor de Dios podemos ser valientes y esforzados al entender que nuestra ayuda viene de Él. No significa que no pasaremos por dificultades, sino que Él nos acompaña y ayuda en medio de ellas; Su Espíritu nos guía en el momento en que es necesario confrontar, decidir o realizar algo. Cuando me encuentro en una prueba tengo que acordarme lo que Dios ha hecho antes en mí y en los demás.

Hay momentos en que nos encontraremos en situaciones confusas, no necesariamente nosotros, sino porque hay confusión a nuestro alrededor, momentos en los cuales es posible que Dios no nos rescate, sino que camine con nosotros para reafirmarnos y desarrollar nuestro carácter, crecimiento y discernimiento al llevarnos a conocerlo de una manera más profunda.

LA CRISIS DEL CORONAVIRUS

Mientras escribo sobre este tema me encuentro viviendo en un tiempo de crisis que ha afectado el mundo entero: La epidemia del coronavirus. Me encuentro viviendo en la ciudad de Nueva York, en uno de los epicentros.

A principio de marzo de 2020, me encontraba arreglándome para ir a uno de los servicios congregacionales un domingo, cuando escuché la voz de Dios decirme: «coronavirus». En ese momento tenía una infección nasal y lo primero que pensé fue: «Yo no tengo coronavirus», jamás pasó por mi mente que lo que Dios me decía era que orara por la enfermedad, tampoco imaginaba que los casos comenzaban a ser anunciados en mi ciudad. Al llegar al servicio de mi congregación ese domingo, durante un tiempo específico del servicio, en el que se hace un llamado de oración por sanidad, una pastora muy querida convocó a orar por el mundo y la crisis que estaba produciendo el coronavirus. En aquel instante fue clara la dirección de lo que estaba en el corazón de Dios, pude sentir en mi espíritu un amor y compasión muy profunda de parte de Dios por el mundo, por lo que mi primera reacción fue pedirle perdón al Señor por haber puesto mi enfoque en mi condición e incomodidad y no en la condición de un mundo que necesitaba su intervención. En ese tiempo, los Estados Unidos, y específicamente la ciudad de Nueva York, estaba siendo atacado por este enemigo silencioso que no solo traería enfermedad, sino también temor.

El escuchar la palabra coronavirus no fue la única vez que escuché a Dios hablarme durante todo el proceso de la pandemia. Dos semanas después escuché nuevamente la voz de Dios referirse a la situación, esta vez le escuché decir: «pandemia, pandemia, pandemia», la misma palabra tres veces, por lo que entendí que los casos aumentarían; y en menos de dos días, efectivamente, se triplicaron.

Realmente un tiempo muy difícil; pero en el que, al mismo tiempo, los hijos de Dios se levantan y empieza a clamar al Padre, no solo por la enfermedad y cada necesidad a raíz de la crisis, pero sobre todo para que muchos pongan su mirada en Dios, un Dios que es el origen y fundamento de nuestras vidas, y el cual es la respuesta.

En toda la crisis pudimos ver cómo las estadísticas no llegaron a alcanzar los números que se esperaban, aun cuando muchos fueron afectados. Dentro de esta crisis se puede sentir incertidumbre, aún en los hijos que ya conocen la realidad de un Padre Celestial que lo puede todo, hijos que, como yo, de alguna manera se vieron afectados por la situación. Yo también me inquieté y me sentí insegura ante el hecho de tener que salir a trabajar mientras mi ciudad se encontraba en una cuarentena parcial; pero de la misma forma pude experimentar la voz y el cuidado de Dios. En varias ocasiones, pude sentir la guía y la protección de Dios sobre mí y mi familia. Hubo un momento específico en el que escuché al Espíritu Santo decirme:

—No pueden asegurarse lo suficiente si no soy yo quien los aseguro.

Claro que hay acontecimientos de los cuales tememos ser parte, aun la misma muerte nos asusta, pero basar nuestra vida en el temor es negarnos a la vida. Todo aquel que ha conocido la realidad de Dios puede entender que nuestro paso por esta tierra es temporal y que nuestra vida no se limita a nuestra existencia natural; pero que ciertamente mientras transitamos por ella Dios nos da a conocer su cuidado, el cual podemos experimentar cuando nos hacemos sensibles a su presencia, e íntimamente conectados y sensibles a su espíritu.

He reconocido que el temor es indicador de sentir que no tenemos control sobre algo. Sin embargo, podemos experimentar paz cuando ponemos nuestra confianza en Dios y logramos vivir bajo una dependencia de Él. La vida es una llama frágil en su forma humana, pero una hoguera ilimitada en todo lo que encierra su dimensión espiritual. Esta dimensión espiritual nos impulsa a creer y a esperar en la intervención de Dios en nuestras circunstancias. Aun cuando puede parecer que tarde o que no está pasando nada, la realidad es que Dios está en medio de todo y siempre llega a tiempo.

El temor no descansa. Siempre estará rondando, buscando a quién atormentar. No es solo un sentimiento sino una fuerza espiritual, que, de mostrarse de forma agresiva, nos consume, puede llevarnos a sentir ansiedad y depresión. Es cierto que podemos tener desbalances fisiológicos y hasta cierta condición de ansiedad como resultado de nuestro mecanismo de alerta natural; pero, de no ser así, podemos estar experimentando un temor que es espiritual. Más que una condición, el temor se puede percibir como un espíritu.

2 Timoteo 1:7 dice:
«Porque no nos ha dado Dios espíritu de temor, sino de poder, de amor y de dominio propio.»

Isaías 54:14 (DHH) dice:
«La justicia te hará fuerte, quedarás libre de opresión y miedo, y el terror no volverá a inquietarte.»

Cuando le abrimos la puerta al temor la opresión hace su entrada. Cuando sentimos no poder sacar el temor de nuestra vida aun al identificarlo, necesitamos envolvernos en el amor de Dios. Una forma de envolvernos en su amor es el agradecimiento, podemos darle gracias por aquellas cosas que Dios ha hecho, o simplemente por cómo nos ama. Su presencia es un refugio seguro. Adorar a Dios aun en medio de nuestras debilidades produce que el temor salga. El amor de Dios puede sacar el temor de nuestras vidas.

Santiago 2:17 dice: «Así también la fe, si no tiene obras, es muerta en sí misma».

DISCERNIMIENTO ESPIRITUAL

El discernimiento de espíritu es algo que muchos ignoran. La sabiduría y el discernimiento espiritual es fundamental y es algo que necesitamos pedirle a Dios incrementar en nosotros. Es dado por el mismo Dios a través de su Espíritu Santo. De esto hace referencia la palabra en 1 Corintios 12: 8-10.

El discernimiento es el juicio por cuyo medio percibimos y declaramos la diferencia que existe entre varias cosas. A través de él podemos identificar lo que acontece dentro de nosotros, pero también lo que opera en nuestro entorno, lo que viene de Dios y lo que no. El discernimiento espiritual nos ayuda a percibir las cosas tanto naturales como espirituales, nos ayuda a saber cómo lidiar con cada cosa al poder identificar con qué estamos tratando. No hay discernimiento si no somos capaces de escuchar, ver, sentir lo que ocurre en nuestro corazón, no solo percibirlo, sino reconocer lo que se produce en nosotros, en nuestro interior, en nuestras emociones y sentimientos.

El discernimiento espiritual es la dirección que nos da el Espíritu Santo al ayudarnos a identificar un asunto. Una persona llena de temor puede estar careciendo de discernimiento espiritual, de una percepción clara, por lo que su visión y sus sentidos pueden estar siendo limitados. El Señor nos habla a través de Su Espíritu y nos ayuda a reconocer su voz en medio de tantas otras. Esto es discernir para decidir seguir su voz, la cual conduce a la vida. No hay discernimiento sin oración y sin un profundo conocimiento de la Palabra de Dios, la cual nos ayuda a reconocer la voz de Jesús en medio de tantas otras. Al reconocer Su voz, necesitamos el discernimiento para poder seguirla y no dejarnos seducir por otras voces, como lo es toda voz que solo viene a robar a nuestras vidas y de donde proviene todo temor.

Juan 10:10 lo dice claro: «El propósito del ladrón es robar, matar y destruir; mi propósito es darles una vida plena y abundante». El propósito de poder identificar la voz de Jesús y lo que a través del discernimiento nos guía es con el fin de siempre conducirnos a la vida. Discernir no es reflexionar, sino escuchar lo que ocurre en nuestro corazón para elegir qué nos conduce a la vida y descartar lo que nos conduce a la muerte. Discernir es reconocer el combate espiritual en el cual estamos para no caer en la trampa del enemigo. Sin discernimiento no solo somos ciegos a nivel personal, sino en todo nuestro entorno.

Vivimos en un mundo en donde el temor quiere tomar terreno, vemos que el espíritu que proviene del temor corre con noticias devastadoras, cargado con dardos listos para herir, y si es posible matar nuestra fe. La respuesta a eso no es resistir, y creer en nuestras fuerzas, sino rendirse ante la persona correcta: Jesús, en Él está nuestra seguridad, nuestra fuerza y nuestra vida misma; a sus pies estamos más alto que cualquier amenaza. Muchas veces, debido al temor nos encontramos sin vida aun estando vivos, me refiero a estar en un estado emocional y espiritual de constante angustia. El temor viene a robarnos la vida y a gobernar distorsionando nuestros sentidos y visión, cuando en realidad nuestras vidas deben ser regidas por la paz que proviene del gobierno de Dios. Es por esta razón que la paz es la mayor arma espiritual que podemos poseer, ya que es la sabiduría y la fuerza que proviene de Dios mismo en nosotros. Cuando nos hacemos dependientes de Jesús tenemos esperanza y la certeza de que en él somos vencedores simplemente porque él está con nosotros.

El temor es causa de sueños rotos, vidas destruidas, planes inconclusos y malas decisiones. El temor no espera nada bueno, reacciona según lo que ve en lo natural; mientras que la fe percibe lo que se ve en el espíritu. El temor nos recuerda nuestras imperfecciones.

La falta de discernimiento nos limita de ver lo que Dios quiere hacer. Mientras la gracia de Dios viene a completarse en nosotros, el temor viene a poner en duda las cosas que

Dios ha hablado y evitar que podamos recibir la bendición y la restauración que Dios quiere darnos; lo mismo que los sueños que se encuentran en el corazón de Dios para nosotros.

Cuando se trata de recibir una palabra o promesa de parte de Dios, el temor siempre querrá interferir y arruinar lo que Dios habla a nuestras vidas, hay momentos en los que Dios nos guía a hacer algo, que por lo general puede parecer imposible o grande de realizar. Cuando el enemigo suele amenazar probablemente es porque nos estamos moviendo en algo grandioso.

2 Corintios 12:10 dice: «Es por esto que me deleito en mis debilidades, y en los insultos, en privaciones, persecuciones y dificultades que sufro por Cristo. Pues, cuando soy débil, entonces soy fuerte.»

La gracia de Dios se manifiesta en nuestras vidas y nos recuerda que Cristo ya pagó. Cristo es el acceso que nos lleva a una dimensión espiritual en la que podemos, a través de Su gracia, experimentar seguridad y orientación en medio de aflicciones o pruebas.

El temor mide nuestras limitaciones y nos dice que no hay lugar para nosotros. Si queremos vivir cosas diferentes, tenemos que lanzarnos a lo que la gracia de Dios quiere y puede hacer. La duda entra por el oído y crece en el corazón, pero así también la fe. Cuando el temor entra, nuestros ojos naturales se aterrorizan; por lo que es necesario mirar con nuestros ojos espirituales y así poder callar las voces que quieren apagar lo que Dios pone en nuestros corazones.

Isaías 43:2 dice: «Cuando cruces las aguas, yo estaré contigo; cuando cruces los ríos, no te cubrirán sus aguas;

cuando camines por el fuego, no te quemarás, ni te abrasarán las llamas».

Desde que comencé a entender el cuidado de Dios sobre mi vida, fueron varias las ocasiones en las que el versículo de Isaías 43:2 se hizo vivo en mi corazón. En muchas ocasiones en la que recibí esta palabra, pude descansar al saber que el Padre empezaba a hacer algo nuevo en mi vida. Aun cuando he experimentado vivir momentos difíciles, ha sido en esos momentos en donde más lo he conocido; mi paz ha sido saber que enfrente lo que enfrente, Él está conmigo. Incluso cuando pensamos que Dios se olvida de nosotros y hasta dudamos de la medida de Su amor, Él siempre está presente. Es importante recordar a quién le hemos entregado nuestra vida, y afianzarnos en reconocer en quién hemos puesto nuestra esperanza. Cada prueba es la oportunidad perfecta para un milagro.

El temor es un terreno fértil para que la semilla de la duda germine y terminemos cuestionando la fidelidad de Dios. Por tanto, hacer memoria de la fidelidad de Dios en el pasado obrando a favor nuestro, es un ancla segura para enfrentar los tiempos de crisis.

Recuerdo que una vez soñé estar en la sala de mi casa y podía observar que el techo estaba lleno de figuras y palabras, como si hubiesen sido pintadas, e indicaban vicios, oscuridad y dolor. Frente a ese escenario podía verme declarando las siguientes palabras:

—Dios es bueno, Dios es grande.

Mientras declaraba repetidamente esas palabras podía ver como el techo empezaba a limpiarse y a ponerse completamente blanco, todas las figuras y escritos empezaban a desaparecer. Fue muy obvio para mí que se trataba de una revelación en donde Dios me dejaba entender que no hay nada suficientemente roto o difícil que Él no pueda tomar en sus manos y sanar, que Él está por encima de cada cosa o situación que vivimos y que infunden temor, que no hay nada que pudiera ser más grande que Él. Declarar y reconocer su bondad y su grandeza hace que su reino sea manifiesto en nuestras vidas. Como dice Su Palabra: «Venga tu reino», significa literalmente que su realidad invada todo lo que parece oscuro y todo lo que parece roto.

Como hijos de fe tenemos la opción de elegir qué pensamientos albergar en nuestro corazón: las promesas de Dios o el temor. Cuando el temor llegue a nuestra mente con pensamientos de fracaso, sospecha, duda o pánico, se debe tener presente que estos están centrados en el yo y no en lo que Dios cree y dice de nosotros.

En medio de la pandemia me tocó experimentar unos días inciertos cuando mi hija Doriann tuvo que ser llevada de emergencia al hospital en una ambulancia, debido a que tenía piedras en su vesícula. El proceso duró once días, días en los que corría el riesgo de que en cualquier momento tuviera que ser operada de emergencia, ya que los médicos decidieron estabilizar antes de que ella pudiera ser operada, y una vez que su condición mejorará, intervenir con la cirugía. Al pasar los días, su condición parecía complicarse, algunos de los síntomas fueron debilidad, fiebre e inestabilidad en sus signos vitales. Durante esos días luche por que mi fe fuera más fuerte que mis temores, sabía que la vida de mi hija estaba delicada y comprometida y fueron varias las veces en que la voz de desesperanza quiso venir a robarme, pero al mismo tiempo la bondad de Dios nos arropaba. Durante ese proceso, un grupo de personas me acompañaban en oración, pudimos experimentar la bondad de Dios a través del cuidado que Doriann recibió, desde que fue llevada en la ambulancia, hasta que fue operada. Un cuidado en el que ella misma pudo reconocer que fue evidentemente especial. Ser hospitalizada durante la pandemia significaba un posible contagio, eso aparte de su condición médica, ella corría el riesgo de no ser bien atendida, ya que los hospitales no daban abasto por la crisis del coronavirus que estaban manejando en ese momento. En más de una ocasión, a pesar de mi angustia, recibía confirmaciones en mis tiempos de oración de que todo estaría bien; la fidelidad de Dios no tardó en hacerse ver, a pesar de lo delicado de su estado y de las adversidades que mi hija experimentó, pudo salir vencedora de ese proceso.

Nuestra fe y confianza en Dios nos garantiza acceso permanente a Su maravillosa bondad y Su infinita gracia que obra a nuestro favor. Esperar con confianza es tener la certeza de que en algún momento Él saldrá a nuestro encuentro, proveyendo la respuesta o la ayuda que sabemos que tendremos de su parte.

Si Dios es por nosotros ¿quién contra nosotros? (Romanos 8:31). Él es bueno en los milagros, pero también en los procesos. Necesitamos reconocer que Él es un Dios bueno y Su fidelidad jamás cambia. Nuestra fe en Jesús nos transfiere una esperanza que no nos defrauda, pues Su amor por nosotros no es movible: Él permanece fiel por encima de las pruebas, circunstancias, preocupaciones, angustias, enfermedades e incluso la muerte. Hay cosas que obviamente no entendemos, pero que podemos tener la certeza de que Él es Fiel y que no hay momento de nuestra vida que él no lo viva junto con nosotros.

Salmos 23:4 dice: «Aunque ande en valle de sombra de muerte, No temeré mal alguno, porque tú estarás conmigo; Tu vara y tu cayado me infundirán aliento.»

A través de Jesús somos rescatados de la desesperación y somos conducidos a aguas de reposo. La razón es que, más que en nuestra fuerza, la respuesta ante el temor está en Jesús; no es lo que somos, sino lo que Él es; todo fue hecho posible a través de lo que hizo y prometió para la humanidad porque siempre se ha tratado de Él. Nos hacemos cargo de algo que ya está hecho. Jesús venció por cada uno de nuestros temores, ganó todas las batallas.

Necesitamos elegir a qué damos acceso en nuestros pensamientos, que palabras salen de nuestra boca y con cuáles cosas nos ponemos de acuerdo: si es lo que Dios dice o lo que vemos en lo natural.

Las palabras del Padre siempre traen aliento y esperanza, nos invitan a llenar nuestra alma, mente y corazón de todo lo que es verdadero, todo lo bueno, justo, puro, y amable. Cuando nos esforzamos en pensar de esta forma podemos entrar en la paz de Dios y nos estaremos poniendo de acuerdo con sus pensamientos, entramos en lo que es adquirir la mente de Cristo en donde podemos ver y pensar lo que Dios ve y piensa.

SE TRATA DE CREERLE A ÉL Y SUS PROMESAS.

Necesitamos recordar día a día y ser consistentes en reconocer quién es Él en nuestras vidas, vivir haciendo memoria de sus promesas y de su bondad. Ciertamente todos tenemos debilidades, pero es ahí en donde debemos reconocer que podemos, no con nuestras fuerzas, sino con Su poder, a través de su gracia. Cada circunstancia nos enseña que Él está en medio de todo cuando ponemos nuestra esperanza en Él.

En una ocasión experimenté una gran preocupación, en un momento en el que mi hija más pequeña tenía que ser transferida de escuela, porque entraría a sexto grado. Ella tendría que ir a una escuela que no quedaba cerca de nuestra casa, y me llenaba de incertidumbre saber que tendría que ir sola, ya que yo no podría llevarla debido al horario de mi trabajo; pero Dios una vez más me dio a conocer que tenía cuidado de su vida.

En innumerables ocasiones la bondad de Dios se hace evidente en mi vida, resultado de una vida que se ha rendido y ha decido creerle a Él por encima de todo, que ha decidido confiar en que mi ayuda viene de Él. Salmos 27:13 ha sido una palabra con la que Dios ha marcado su bondad en mi vida y la de los míos, como lo fue en el caso de Doriann al ser hospitalizada y como lo ha sido en muchas otras ocasiones.

Salmo 27:13 dice: «Pero de una cosa estoy seguro: he de ver la bondad del Señor en esta tierra de los vivientes.»

En este día quiero decirte que ante toda circunstancia solo recuerda que el temor no es tu amigo, que Dios está contigo y que Él es de quien dependemos, como dice Su Palabra en Zacarías 4:6: «No es con fuerza, ni poder, sino con mi espíritu, dice el Señor».

ORA CONMIGO:

Soy fuerte en Dios, Él está conmigo, no temeré, ni desmayaré, no soy esclavo, sino que soy libre del temor, viviré en la promesa de Dios; a través de Jesús no viviré en castigo, sino que viviré en su victoria.

CAPÍTULO VI

LLEVANDO SU VIDA

Una de las cosas que comencé a observar a raíz de todo lo que Dios ha estado haciendo en mí, referente a mi crecimiento y madurez espiritual, fue cómo las personas ven la vida.

¿Qué entendemos por vida y cómo vemos la vida? Podemos tener muchas respuestas y opiniones. Biológicamente tenemos un cuerpo que nace, crece, se reproduce y muere. Pero, es más, para que nuestro cuerpo tenga vida y funcione tenemos alma, mente y espíritu. La vida es un regalo de Dios mismo. La Biblia, que es la Palabra de Dios, es considerada nuestro manual de vida. Fue escrita bajo la inspiración del Espíritu Santo y es el libro que narra la historia de la creación y de la relación del hombre con Dios desde el principio de los tiempos. A través de ella, Dios nos ayuda a conocerlo y a entender su realidad.

La razón por la que hablo de este tema es porque tiene todo que ver con el hecho de encontrarnos en esta tierra. En capítulos anteriores empecé compartiendo un poco acerca de cómo era mi vida antes de que Dios me redirigiese a un cambio que afectó todo el curso de mi vida y de mi entorno. En el momento que empecé a entrar en toda la revelación que Dios me daba, en todo lo que empecé a vivir y a conocer, sentí que mi mente y corazón se elevaba a un nivel de revelación de forma tan rápida trastornando e impactando mi ser. Era como si mis sentidos estuviesen siendo tocados fuertemente, por lo que empezaba a entender muchas cosas, tal y como Él me había indicado al principio; en ese momento en que mi vida empezó a dar ese giro que impactó todo, así como escuché a Dios decirme que me dejara guiar, que había cosas que yo no entendía. Sentía como si estuviese siendo elevada y al mismo tiempo volvía a descender y a despertar a mi realidad natural, pero ya con otro entendimiento. Recuerdo que una de las cosas que le decía a Dios era:

—Señor, ¿dónde estaba yo que no conocía toda tu realidad, en qué mundo yo vivía?

Me encontraba viviendo una vida que no conocía ni entendía su naturaleza y origen. Más allá de quienes son mis padres, en donde nací, hablo de un origen que define la naturaleza de Dios, lo cual solo conocía en partes, ya que sí creía en Dios desde pequeña, pero no lo conocía, solo sabía relacionarme con Él a través de rituales repetitivos y todo lo que aprendí en la infancia. A partir de ese momento en que me comenzó a redirigir, se marca un tiempo crucial en donde Él despierta mis sentidos y empiezo a identificar cosas que empezaban a tener sentido.

Aunque siempre escuché que Dios es omnisciente, omnipotente y omnipresente, poderoso por encima de todas las cosas, no tenía entendimiento de que verdaderamente Él estuviera presente en cada paso, respiro y pensamiento. Por lo que no lo tomaba en cuenta a la hora de manejar y administrar mi vida. Vivía desde una perspectiva de la tierra al cielo, con la idea de ese Dios lejano que quizás me escuchaba y no del cielo a la tierra entendiendo que Él es el principio de la vida misma. Comencé a mirar atrás y a entender que Él siempre estuvo, pero la diferencia ahora era que mi vida estaba siendo direccionada por Él, bajo el entendimiento y conocimiento de Su sabiduría y revelación. Entiendo que antes de esto mi nivel de conciencia no estaba completamente despierto, no me refiero a lo que es actuar correctamente, sino a que mis sentidos espirituales no estaban despiertos, empezamos a despertar a medida que nos hacemos sensibles a Su Espíritu, y en donde a través de Su gracia, toda nuestra perspectiva cambia impactando nuestro nivel de conciencia.

El plan y propósito de Dios de crear al hombre fue para hacer de Él Su familia. La intención del Padre fue crear hijos que caminan en Su presencia. Cuando Dios creó al hombre a su imagen y semejanza, su instrucción fue que fuera fructífero y se multiplique, no solo al procrear vidas, sino en producir sus frutos. La intención de Dios es que sus hijos lleven su vida y su reino aquí en la tierra; así como en el cielo, también en la tierra. Se que dentro de todo lo que he estado compartiendo pocas veces he mencionado la palabra reino, el reino de Dios tiene todo que ver con ser Él quien reina y gobierna por encima de todo, tanto en la tierra como en el Cielo, como también establecer su reino a través de sus hijos. El diseño de Dios es que vivamos con la perspectiva del cielo a la tierra, no negando la realidad natural, la cual también fue diseñada por Él, sino sabiendo que hay un lugar de influencia mayor al que pertenecemos.

Génesis 1:26-28 dice: «Así que Dios creó a los seres humanos a su propia imagen. A imagen de Dios los creó; hombre y mujer los creó. Luego Dios los bendijo con las siguientes palabras: "Sean fructíferos y multiplíquense. Llenen la tierra y gobiernen sobre ella. Reinen sobre los peces del mar, las aves del cielo y todos los animales que corren por el suelo".»

La bendición de Adán y Eva no era que ellos vivían en un paraíso, sino que tenían a Dios como amigo. La bendición es

Dios, aun hoy, la esencia de la vida misma está relacionada a Él y en el poder relacionarnos con Él, el tener conciencia de que fuimos llamados a vivir en Su presencia todo el tiempo, que Él está presente y tiene que ver con todo lo que toma lugar en nuestra existencia. Somos llamados a reinar y gobernar, a ser hijos, que al llevar Su vida son embajadores de su reino, portadores de su gracia, en todo lugar en donde Dios nos ha colocado y en donde ejercemos influencia; el hogar, trabajo, comunidad. Esta influencia puede ser tan extensa hasta llegar a las esferas de gobierno y la cultura en la que vivimos. La vida es todo lo que nace de Dios. Dios produce su creatividad y belleza en nosotros.

Adán y Eva fueron llamados a reinar y gobernar, ellos tuvieron la bendición de habitar en la presencia del Padre, pero no siempre fue así. Los primeros hijos de Dios en la tierra comieron del fruto de un árbol del que Dios les había dicho que no comieran porque ciertamente morirían. Ellos no murieron físicamente, siguieron existiendo, pero lo que murió fue la vida de Dios en ellos, su relación con Él, el ellos no poder habitar en su presencia. Por su desobediencia en ese momento desaparece toda la plenitud de Dios y la razón de todo el propósito de Dios para con el hombre.

Si nos damos cuenta la verdadera razón por la que ellos no disfrutaron y vivieron la vida que Dios les tenía preparada fue por la decisión de ellos esconderse y alejarse de Dios. La vida de Adam y Eva pudo haber sido restaurada de haber permanecido en la presencia del Padre Celestial. La desobediencia los llevó a vivir una vida apartada de Dios, por lo que no vivieron bajo el diseño que Dios había destinado para ellos; con ellos el temor y la vergüenza hicieron su entrada en este mundo. Tanto eso como la culpa, la autosuficiencia, el no creer que Dios nos ama, el no entender todo lo que Dios quiere hacer con nosotros, son algunas de las causas que nos alejan de recibir la vida que Dios quiere darnos. La falta de entendimiento nos roba de lo que Dios quiere hacer, pero la falta de sujeción a Él nos priva del destino que Él tiene para nosotros. La clave de todo está en una vida que habita en Su presencia, para que se pueda producir el resultado, los frutos que vienen del Padre.

«Cuando Set creció, tuvo un hijo y lo llamó Enós. Fue en aquel tiempo que la gente por primera vez comenzó a adorar al Señor usando su nombre.» Génesis 4: 26 (NTV)

La adoración es la actitud de un corazón al venerar, rendir culto o honor a algo o alguien, el adorar no solo es un acto de expresión en un momento específico, sino la actitud de lo que nuestro corazón adora. Si No adoramos a Dios y lo que es de Dios, nos vamos a encontrar adorando las cosas incorrectas. Aquello que adoremos, es ahí en donde se van a encontrar nuestros tesoros.

Salmos 127:3 dice: «Los hijos son un regalo del Señor; son una recompensa de su parte.»

Dios nos creó con el gran propósito de vivir una vida completamente bajo su bendición, dijo; fructifiquen y multipliquen todo lo que yo les doy, nos dio el derecho de como hijos expandir su reino en la tierra, cada hijo es un regalo de Dios, lo que significa que la vida es una herencia de Él, cada vida le pertenece a Él, por lo que la vida es totalmente sagrada para Dios.

Aunque nada nos puede separar del amor de Dios, ciertamente el pecado nos roba de recibir ese amor y esa vida. El pecado hace su entrada en el momento en el que Adán y Eva desobedecen, el pecado es todo aquello que nos acorta la vida, nos daña, destruye, arruina, corrompe la vida, de no erradicarse y sanar solo empeora. Dios es experto en tratar raíces profundas que necesitan ser sacadas de nosotros y restaurarnos. El anhelo de Dios siempre será el que nos humillemos y vayamos a Él, porque es ahí donde podemos ser restaurados y vivir bajo su gracia.

2 Crónicas 7:14 habla de humillarnos, orar y buscar al Padre, dejando toda conducta de este mundo y así Él nos escucha desde el cielo, perdona y restaura nuestra tierra.

La tierra a la que el versículo hace referencia es nuestro propio corazón. Un corazón puede estar luchando con inseguridad, incredulidad, no solo de no creer en Dios, sino de no creer que Él quiere o puede hacer algo, o detenerse a pensar que nuestra vida fue diseñada para ser guiada por Él.

Cuando Dios me habló de escribir este libro, siempre pensé que estaría hablando algún día de mi testimonio y las promesas de restauración de Dios a mi vida. Pero luego me di cuenta de que todo se trataba de Él y que mi historia era solo una parte. Una de las cosas que recibí de parte de Dios antes de empezar a escribir, fue que todo lo que yo había vivido en lo íntimo y secreto, Él necesitaba sacarlo a luz porque muchos necesitaban escuchar lo que él me ha dado a conocer, y así puedan conocerlo a través de mi testimonio. Nuestras vidas son evidencia de su gracia.

Un testimonio tiene el poder de hacer que Dios muestre su realidad en otros, que lo que Él hizo una vez lo puede volver a hacer. Una forma de yo conocer a Dios fue a través de testimonios de personas lo cual hizo que mi Fe incrementara, aun así, nada se compara con lo que Dios puede hacer en tu propia vida. Cada testimonio es único. Tal vez nuestra historia no se encuentra escrita en la biblia, pero nuestra historia es totalmente parte de Él. Así como Dios me dio a conocer y vivir la revelación del Éxodo, así mismo pude identificar mi vida y entender que Dios necesitaba ser el autor.

En mi desierto he podido conocer Su fidelidad, cuando mi vida estaba en su estado frágil empezó a sanar en el momento en que me dejé abrazar por Él. El verdadero milagro, no es solo el que Dios me librará de alguna circunstancia, el verdadero testimonio viene que, al conocerlo y rendir mi vida a Él, se produce una transformación en mí, en el que el poder Su resurrección me lleva a vivir en Su redención impactando todo lo que soy. La restauración es solo el inicio de una vida de grandeza en Él.

Al conocerme a través del lente Dios, pude identificar tantas cosas que me habían robado y acortado la vida, nada que ver con la multiplicación que Dios ya había diseñado para mi vida. Es donde empiezo a relacionarme con Dios y conmigo misma, una relación de adentro hacia afuera, mirando en mi interior y luego impartiendo a otros lo que ya Dios me ha dado.

Fuera de Él encontramos caos interno, falta de paz, falta de perdón, codependencias, aflicciones, un mundo que vive en una constante competencia, familias divididas, baja autoestima, personas que definen sus vidas en base a lo que les da aprobación, en vez de la aprobación de aquel que los creó.

Recuerdo a mi pastor mencionar de cómo una crisis que afectó la bolsa de valores llevó como consecuencia a que muchos se quitaran la vida, todo por no entender que el valor de sus vidas no se encontraba en sus posesiones, tampoco podían ver la esperanza de un Dios que podía intervenir en sus situaciones.

Juan 3:1-2 dice que es el corazón de Dios que seamos prosperado en todo, así como prospera nuestra alma prospera nuestra vida.

La prosperidad del alma, mente, determina el curso de la vida.

Mi corazón llora al ver familias destruidas, vidas confundidas, personas que no les encuentran sentido o valor a sus vidas, que no tienen esperanza. En muchos casos viven bajo confusión o engaño, viviendo de acuerdo con lo conocen. Personas que viven bajo un velo que los lleva a entretener mentiras y pensamientos en sus mentes, tanto por vivir sin el conocimiento de Dios, como también el hecho de ignorar algunas dinámicas espirituales.

Hay toda una dinámica de corazón que envuelve la sociedad, las familias, y esta es la razón por la que Dios trata tanto con nuestro corazón y busca que vivamos en una total dependencia de Él. Esto explica el incansable intento fallido del ser humano, de la inalcanzable búsqueda de la felicidad y prosperidad. Esto sin mencionar las raíces de donde provienen los abusos, los engaños que puede estar manejando el mundo.

Recuerdo cómo en mi tiempo de crisis, buscando saciar mis necesidades o de alguna manera cubrir mis heridas, opte por vivir algunas cosas en las que me decía a mí misma, que si lo que yo hacía no dañaba a nadie, como adulta yo podía hacerlo. En ese momento vivía bajo esa mentira, no me daba cuenta que mis malas decisiones me afectaba primero a mí misma y como consecuencia terminaba afectando a otros, así fuera de forma consciente o inconsciente. Esto surge a raíz de todo lo que a lo largo de nuestras vidas fuimos adoptando como vida o como verdad, como también lo que son raíces que nos marcaron y nos hace refugiarnos en lugares de engaño, surge a raíz de lo dañino que se aloja y nace en el alma.

Santiago 4:1-5 lo define:

«¿Qué es lo que causa las disputas y las peleas entre ustedes? ¿Acaso no surgen de los malos deseos que combaten en su interior? Desean lo que no tienen, entonces traman y hasta matan para conseguirlo. Envidian lo que otros tienen, pero no pueden obtenerlo, por eso luchan y les hacen la guerra para quitárselo. Sin embargo, no tienen lo que desean porque no se lo piden a Dios. Aun cuando se lo piden, tampoco lo reciben porque lo piden con malas intenciones: desean solamente lo que les dará placer. ¡Adúlteros! ¿No se dan cuenta de que la amistad con el mundo los convierte en enemigos de Dios? Lo repito: si alguien quiere ser amigo del mundo, se hace enemigo de Dios. ¿Acaso piensan que las Escrituras no significan nada? Ellas dicen que Dios desea fervientemente que el espíritu que puso dentro de nosotros le sea fiel. Y él da gracia con generosidad. Como dicen las Escrituras:

"Dios se opone a los orgullosos, pero da gracia a los humildes".»

En el momento en que nos hacemos humildes ante Dios, en su amor Él nos rescata.

Salmos 103:4 dice: «El que rescata del hoyo tu vida, el que te corona de favores y misericordias».

Algo con lo que Dios insistió mucho en mi proceso para yo avanzar fue el que ya no viviera en el pasado. Es algo que Dios insistentemente habla a la vida de muchos ya que vivir en el pasado nos esclaviza, al despojarnos de todo lo que queda atrás, las quejas, culpas, remordimientos, cosas a las que nos apegamos, cosas o personas que hemos perdido, aun el despojarnos de nosotros mismos y de todo lo que pesa, nos posicionamos para recibir lo nuevo de Dios.

Él es fiel y misericordioso, él sabe que no siempre podemos ver con claridad, pero espera que le demos el corazón para hacer su maravillosa obra.

Isaías 43:18-19 dice: «Pero olvida todo eso; no es nada comparado con lo que voy a hacer. Pues estoy a punto de hacer algo nuevo. ¡Mira, ya he comenzado! ¿No lo ves?

Haré un camino a través del desierto; crearé ríos en la tierra árida y baldía.

"No se acuerden del pasado que yo estoy haciendo algo nuevo".»

Recuerdo una vez que me encontraba orando por una familia y yo le decía a Dios:

—Pero ¿por qué me pides que ore por restauración, si ellos se separaron hace años?

Y escuché a Dios decirme:

—Porque solo mis diseños dan fruto.

Salmos 127:1 lo dice, refiriéndose a nuestras vidas: «Si el Señor no edifica la casa, en vano trabajan los que edifican». Esa pareja hizo todo lo que en sus fuerzas pudieron para no separarse, menos el rendir sus vidas a Dios y dejar que Él los guiará.

Si primero no hay una restauración en nosotros, no puede haber una restauración de todo lo demás. El enfoque en el yo y no en lo que Dios ve siempre nos va a dirigir mal, solo nos va a permitir ver el dolor, las necesidades, las culpas, los miedos y nuestras razones. La gracia de Dios nos encuentra dentro de lo que decidimos vivir, pero es a la medida que busquemos su vida que podemos ser restaurados y que podemos producir esa vida.

¿QUÉ ES GOBERNAR?

Dios nos dio la tierra para reinar junto a Él. Lo hizo desde el principio, en el tiempo de Adán y Eva. En la historia de la humanidad vemos que Dios nos revela que hay un gobierno que es sobre todo gobierno y es el reino de Dios.

Como lo dijo Jesús cuando nos dejó el ejemplo de cómo orar, parte de esas palabras dicen: «Venga tu reino, hágase tu voluntad en la tierra como en el cielo».

A medida que profundizo en este tema, El Espíritu Santo me lleva a estudiar el libro de Daniel, capítulo 2, en donde habla de gobiernos e imperios y el plan de gobierno de Dios para la humanidad.

Antes de describir Daniel 2 quiero mencionar lo que habla el libro de los Hechos 4. Este capítulo nos habla sobre la piedra principal que fue rechazada por los edificadores, pero que pasaría a ser el fundamento principal para Dios establecer su reino aquí en la tierra. específicamente el versículo 11 de Hechos 4 describe a Jesús como la piedra principal, el cual es el fundamento de la iglesia y perfecto plan de Dios. Jesús fue rechazado y crucificado para luego resucitar y por medio de Él Dios establecer su reino y su justicia y así los hijos de Dios, su iglesia, reinen y gobiernen aquí en la tierra a través de Él, dando Dios, a todo aquel que es hijo, acceso a habitar en Su presencia.

Volviendo al libro de Daniel Capítulo 2, mientras leía, escuché al Espíritu Santo decirme: «Globo terráqueo», y luego «Nabucodonosor», ahí fue donde Dios me llevó a profundizar en el capítulo de Daniel, que narra lo siguiente:

Daniel 2:1-4 dice: «Una noche, durante el segundo año de su reinado, Nabucodonosor tuvo unos sueños tan desconcertantes que no pudo dormir. Mandó llamar a sus magos, brujos, hechiceros y astrólogos, a los cuales él llamaba sabios y les exigió que le dijeran lo que había soñado. Cuando se presentaron ante el rey, les dijo:

—He tenido un sueño que me desconcierta mucho y necesito saber lo que significa.

Entonces los astrólogos respondieron al rey en arameo:

—¡Que viva el rey! Cuéntenos el sueño y nosotros le diremos lo que significa.»

El rey Nabucodonosor esperaba no solo que los sabios le dieran el significado del sueño, sino también el relatarlo de ese sueño, para así Nabucodonosor asegurarse que un sabio le estuviera verdaderamente revelando lo que necesitaba saber. Ningún brujo o adivino, los llamados sabios, pudo darle al rey el relato ni la interpretación, por lo que Daniel el joven profeta de Dios y el cual estaba al servicio del rey pidió ser él, quien después de orar diera la respuesta que el rey esperaba recibir.

DANIEL RELATA Y DA LA REVELACIÓN DEL SUEÑO AL REY

Daniel 2:31-45 dice: «En su visión, su majestad vio frente a sí una enorme estatua resplandeciente de un hombre; daba terror verla. La cabeza de la estatua era de oro fino. El pecho y los brazos eran de plata, el vientre y los muslos de bronce, las piernas eran de hierro y los pies eran una mezcla de hierro y barro cocido. Mientras usted observaba, una roca de una montaña fue cortada, pero no por manos humanas. La roca golpeó los pies de hierro y barro, y los hizo pedazos. La estatua quedó reducida a pequeños trozos de hierro, barro, bronce, plata y oro. Luego el viento se los llevó sin dejar rastro alguno, como la paja cuando se trilla el grano. Sin embargo, la roca que derrumbó la estatua se convirtió en una gran montaña que cubrió toda la tierra. Ese fue el sueño. Ahora explicaremos al rey el significado. Su majestad, usted es supremo entre los reyes. El Dios del cielo le ha dado soberanía, poder, fuerza y honra. Dios lo ha puesto como gobernante sobre todo el mundo habitado y le ha dado dominio aun sobre las aves y los animales salvajes. Usted es la cabeza de oro.

Ahora bien, después de que termine su reino, surgirá otro reino, inferior al suyo, y ocupará su lugar. Cuando este caiga, un tercer reino, representado por el bronce, surgirá para gobernar el mundo. Después vendrá un cuarto reino, tan fuerte como el hierro. Ese reino destrozará y aplastará a todos los imperios anteriores, así como el hierro destroza y aplasta todo lo que golpea. Los pies y los dedos que usted vio eran una combinación de hierro y barro cocido, lo cual demuestra que ese reino se dividirá. Por ser barro mezclado con hierro, tendrá algo de la fuerza del hierro. No obstante, si bien algunas de sus partes serán tan fuertes como el hierro, otras serán tan débiles como el barro. Esta mezcla de hierro con barro también demuestra que esos reinos procurarán fortalecerse al hacer alianzas matrimoniales; pero no se mantendrán unidos, así como el hierro y el barro no se mezclan. Durante los gobiernos de esos reyes, el Dios del cielo establecerá un reino que jamás será destruido o conquistado. Aplastará por completo a esos reinos y permanecerá para siempre. Ese es el significado de la roca cortada de la montaña, aunque no por manos humanas, que hizo pedazos la estatua de hierro, bronce, barro, plata y oro. El gran Dios estaba mostrando al rey lo que ocurrirá en el futuro. El sueño es verdadero y el significado, seguro.»

Estos dos últimos versículos de Daniel 2:44-45 se refiere al perfecto plan de Dios para la humanidad.

"El Dios del cielo establecerá un reino que jamás será destruido o conquistado. Aplastará por completo a esos reinos y permanecerá para siempre." Daniel 2:44-45

Un gobierno que no se limita a nuestra humanidad, un reino establecido por Dios a través de ser Jesús el sacrificio vivo que lo lleva a convertirse en rey. Jesús viene al mundo como Dios encarnado, luego bajo decreto de muerte es crucificado y fue aquel momento en que su preciosa sangre fue derramada que el plan de Dios fue consumado, siendo su vida el más alto precio pagado por ti y por mí para que pudiéramos tener acceso a todas la riquezas y herencia que Dios tiene para sus hijos. Jesús es aquel al cual le fue otorgado todo dominio y potestad, y así toda la humanidad pueda vivir bajo su gobierno. Siendo Él la mayor autoridad sobre todo y sobre todos, quien reconcilia todas las cosas y a la humanidad con el Padre. Así todo aquel que rinda su vida pueda vivir en la vida del hijo de Dios y reinar a través de Su gobierno. Jesús es la piedra principal, la roca en donde construimos y fundamos nuestra vida. Cuando el Espíritu Santo me mencionó las palabras «globo terráqueo» se refería a que su reino y gobierno es el mayor dominio sobre toda la tierra y el reino de los cielos es gobierno por sobre todo sistema y gobierno. Aun cuando vemos crisis e injusticias en este mudo las cuales son producto de la falta del conocimiento, entendimiento y sujeción a Dios mismo, Él, en su amor y misericordia sigue estableciendo su reino por encima de todo.

Así como el pueblo de Israel permaneció 400 años siendo esclavos en Egipto, Dios no se olvidó, y ejecutó un plan para sacar a su pueblo, ellos no siempre cooperaron con Dios, si se llenaron de expectativas por las promesas de Dios y aunque se vieron caminando en libertad, el verdadero motivo por el que ellos no avanzaban fue porque seguían siendo esclavos en sus corazones, por eso se les dificulto seguir y confiar en Dios. Aun cuando ellos decidieron seguir a Moisés, aquel líder que Dios asignó para liberarlos, su falta de confianza hizo el camino más difícil para ellos, eso no significó que Dios no fuera todopoderoso y que Su voluntad no estuviera por encima de todo. La voluntad de Dios siempre es buena, aun y cuando no entendamos, Él sigue siendo Dios y su corazón es hacer prevalecer su salvación y propósito en nuestras vidas.

Así como en Daniel 2, El rey Nabucodonosor buscaba respuestas fuera de los que escuchaban la voz de Dios, donde solo el joven profeta le pudo revelar al rey lo que Dios estaba hablando. En el pasado, yo también buscaba respuestas a mis situaciones en personas que usaban la adivinación, y no fue hasta un día que, a través de un sueño, Dios me habló y me mostró que estaba acudiendo a las fuentes equivocadas, y entendí que mis respuestas solo vienen de Jesús. Me ayudó a entender que tanto ayer, como hoy la respuesta se halla en Él, porque la respuesta a todo es Él.

En ese sueño podía verme frente a una mesa con Jesús a mi lado, vestido con una túnica blanca. La habitación en la que estábamos se encontraba vacía, podía visualizar que la luz en la habitación solo iluminaba directamente a donde estábamos Jesús y yo. Encima de la mesa podía ver unas cartas de adivinación que se encontraban todas hacia abajo. Cuando desperté supe que Dios me estaba tratando de mostrar que mi única fuente y guía era Él y que no tenía necesidad de consultar a adivinos. En ese tiempo, en mi angustia, yo consultaba a una señora que leía las cartas por teléfono. Desde ese día le pedí perdón a Dios por haber buscado soluciones y respuestas en lugares equivocados, todo por no conocer su verdad. Me dirigí en oración pidiendo perdón y renunciando a cualquier acuerdo en el que yo, consciente o inconscientemente hubiera aceptado y que no fuera el pacto de vivir bajo su bendición.

A medida que te relato mi experiencia me doy cuenta de que la luz en mi sueño se refiere a la luz que ilumina el camino correcto, la luz que expone toda oscuridad la cual es Jesús. Juan 8:12 dice: «Otra vez Jesús les habló, diciendo: Yo soy la luz del mundo; el que me sigue, no andará en tinieblas, sino que tendrá la luz de la vida.»

Jesús es el camino la verdad y la vida, la única respuesta a todo lo que necesitamos. Dios marca su verdad en la vida de sus hijos, en ese momento me hacía saber que Él es mi guía y norte y que todo lo que necesito es tenerlo a Él.

Efesios 3:14-19 dice: «Por esta razón me pongo de rodillas delante del Padre, de quien recibe su nombre toda familia, tanto en el cielo como en la tierra. Pido al Padre que de su gloriosa riqueza les dé a ustedes, interiormente, poder y fuerza por medio del Espíritu de Dios, que Cristo viva en sus corazones por la fe, y que el amor sea la raíz y el fundamento de sus vidas. Y que así puedan comprender con todo el pueblo santo cuán ancho, largo, alto y profundo es el amor de Cristo. Pido, pues, que conozcan ese amor, que es mucho más grande que todo cuanto podemos conocer, para que lleguen a colmarse de la plenitud total de Dios.»

Algo que en varias ocasiones escuché al Espíritu Santo decirme fue: «Sé sal y luz», hasta que luego fui entendiendo lo que significaba. Él nos llamó a ser sal y luz a esta tierra. Colosenses 1:27 dice que Cristo en nosotros es esperanza de gloria.

Este ha sido el perfecto plan del Padre, darnos a Cristo a través del Espíritu Santo y ser portadores de su vida, ser llenos de su plenitud y habitar en Su presencia.

No todos los hijos de Dios caminan bajo el entendimiento de lo que portan. Aunque es por gracia, hay una parte que nos toca y es permanecer, mantenernos en la perfecta unidad con Su Espíritu, siendo Él nuestro alimento y respiro.

Jesús ya existía desde el principio de los tiempos. Él no vino a darnos mejor vida, sino que él vino a darnos Su vida, porque sin Él, antes dormíamos, estábamos muertos. Solo el que tiene la vida del hijo puede dar la vida que viene de Dios.

«En el principio, Él era el verbo y todas las cosas por Él fueron hechas. En Él estaba la vida, y la vida era la luz de los hombres. La luz en las tinieblas resplandece, y las tinieblas no prevalecieron contra ella.» (Juan 1:1)

En algún momento hemos escuchado decir; Jesús la luz del mundo.

La sal tiene la característica de preservar algo y la

luz de iluminar y exponer la oscuridad. Jesús ofrendó su propia vida para que tuviéramos acceso a lo sobrenatural; cuando menciono lo sobrenatural no solo me refiero a los milagros que tu yo pudiéramos ver, sino a que el milagro es Jesús, a través del Él tenemos acceso a lugares celestiales, lo sobrenatural es Él. Al tenerlo a él vivimos el milagro todos los días, porque milagro es todo lo que Dios hace en nuestras vidas, todo lo que nace de Él, el hecho de que respiremos es un milagro, la vida es un milagro de Dios.

Las cosas que Dios hace revelan sus caminos y sus caminos revelan su naturaleza. La tierra ha sido dada al hombre bajo el gobierno del reino de los cielos, todo está bajo el dominio de Dios, pero no todo da el fruto que viene de Dios. Dios hace lo que quiere con quien Él quiera, pero sobre todo con el que dispone su corazón para hacerlo. Empieza por mí y por ti ser uno con Él, ser parte de su reino, y así ser la mayor expresión de su vida. Si Jesús no gobierna tu vida entonces otras cosas sí.

No fue hasta que entendí quién es Jesús en mí que pude experimentar toda esta realidad. Se que su poder y su amor siempre estuvo conmigo, pero ahora algo se empezaba a activar en mí y empiezo a caminar con el entendimiento de lo que significa Su vida en mí. Recuerdo que una vez oraba por una muchacha que me decía que ella había orado a Dios para poder hacer milagros y lo que escuché a Dios decir fue que todo lo que ella tenía que entender era su identidad de hija.

Marcos 16:16-17 dice: «El que crea y sea bautizado será salvo, pero el que no crea será condenado. Y estas señales acompañarán a los que hayan creído.»

Los milagros simplemente son resultado de esa vida,

vivir en lo sobrenatural es caminar con Jesús, y que se haga la voluntad del padre a través de hijos que aman a Dios y manifiestan su reino, que como expresión de su vida pueden moverse en su poder. La unción y el poder es Jesús, la unción y el poder lo da Él y, a través de su llamado, nos extiende un manto de gracia. La salvación es recibir Su vida, la condenación es no ser salvo, por lo que la vida no se manifiesta.

Lo que para nosotros puede parecer pequeño a Dios puede parecerle grande. No hay nada que podamos hacer para impresionar al Padre Celestial, más que venir ante Él con un corazón que se humilla y se hace sensible ante Su corazón. Dios forma Su corazón en sus hijos, por eso Él es grande en nosotros. Nuestra identidad no puede ser definida por nada más que no sea lo que Dios dice que somos, ni siquiera nuestra propia opinión puede definirnos, lo que sí afecta nuestras vidas es vivir fuera de lo que ya Dios dijo que somos.

Si cada vida supiera lo que Dios diseñó que fueran al crearlos, no comprarían sus visas con nadie, sino que desearían vivir todo lo que Dios ya planeo. Cada vida es única para Dios.

MANIFESTANDO SU PODER

Hechos 1:8 dice: «Pero, cuando venga el Espíritu Santo sobre ustedes, recibirán poder y serán mis testigos tanto en Jerusalén como en toda Judea y Samaria, y hasta los confines de la tierra.»

El 17 de noviembre del 2017, una de mis hijas, la mayor,

sufrió una crisis de salud sin motivo aparente, ya que ella físicamente no estaba enferma ni bajo ningún tratamiento en ese momento. Sí había tenido altas y bajas en los últimos años, pero se encontraba bien en esos días.

Recuerdo que la noche anterior nos encontrábamos hablando sobre si ellas creían en los milagros y la pregunta surgió de mí porque sentía que Dios me decía: «cree», como si me alertara de que algo pasaría. En ese momento hubo risas mientras conversábamos, mi hija mayor dijo:

—Yo creeré cuando vea uno.

Y mi respuesta fue:

—Pues cree porque Dios me dice que creas.

Esa misma madrugada escuché como si algo se hubiera caído, y ya la segunda vez que escuché el sonido me levanté a ver qué estaba pasando. Fue ahí cuando encontré a mi hija, Dorlis, sentada en el baño y noté que se quedaba sin respiración. Lo primero que hice fue mirar alrededor para ver si había consumido algo que pudiera haber provocado su estado, pero no había nada. Su condición en ese momento era como la de alguien que agonizaba, por lo que llamé a mi otra hija para que la sostuviera, mientras yo buscaba el teléfono para llamar al número de emergencia. El primer pensamiento que cruzó mi mente fue que tenía que llamar a alguien que pudiera llegar a resucitarla lo suficientemente rápido porque sabía que en poco tiempo la perdería.

Ella perdió totalmente el sentido y pasó lo que pensé que pasaría, mi hija quedó sin respiración por unos minutos; no tenía pulso y perdió su color completamente hasta ponerse morada, ella se nos había ido. En todo momento yo experimenté la paz que sobrepasa todo entendimiento y sé que el Espíritu Santo fue quien tomó el control total y manifestó su poder en y a través de mí, ya que Doriann mientras sostuvo a la mayor me relata ya después que todo pasó, que antes de yo ir a buscar el teléfono yo declaré vida sobre Dorlis y luego fui a llamar. En ningún momento recuerdo haber orado, solo sé que sentía una inmensa paz y un completo dominio propio; puedo identificar que Jesús estaba haciendo un milagro ya que siempre sentí Su paz.

Cuando regresé al baño donde se encontraba mi hija todavía me encontraba hablando con la línea de emergencia y no podía creer lo que mis ojos veían. Encontré a mi hija moviendo su cabeza de un lado para otro, sus ojos se veían perdidos como si estuviera tratando de enfocar su vista y recobrando sus sentidos; en ese momento solo dije:

—Señor, tú lo hiciste.

Y pensé: «Cuando la revisen no van a encontrar nada», aun así, al llegar los paramédicos la revisaron y fuimos al hospital para asegurarnos de que estuviera bien y nos dijeran qué pudo haber causado su crisis. Ella solo recuerda haberse levantado y sentirse mareada ni ella misma entendía que le paso. Todos los exámenes salieron bien, ni siquiera la presión arterial mostró ninguna irregularidad. Todos en el hospital nos miraban como si estuviéramos locas, obviamente después de un cuadro así en el que alguien muere por unos minutos se supone que en algún examen el resultado refleje algún diagnóstico.

Lo único que sí sé es que quien la resucitó fue el Espíritu Santo. Sé que ese día algo murió, pero también algo nació, como también sé que ese día fue visible el poder de resurrección de Jesús en mi casa.

Romanos 8:19 dice: « Pues la creación aguarda con ardiente anhelo la manifestación de los hijos de Dios.»

Recuerdo que una vez compartí un mensaje titulado Dios te ve, y en verdad el cielo ve nuestras vidas en todo momento. La vida no se limita a nuestro estado terrenal, sino que es parte de la eternidad, y es lo eterno, lo que no se ve de donde se crea lo que se ve. Es el corazón del padre que nuestra mente y corazón se centren en lo que es eterno.

Eclesiastés 3:11 dice: «Dios Todo lo hizo hermoso en su tiempo; y ha puesto eternidad en el corazón de ellos, sin que alcance el hombre a entender la obra que ha hecho Dios desde el principio hasta el fin.»

ORA CONMIGO:

Señor yo oro que todo el que lee este libro pueda conocer al Padre de la manera en que está en Tu corazón, que hagas de la vida de ellos la mayor expresión de Su vida de acuerdo con el diseño de Dios. Que a través de tu gracia se encuentren caminando en tu salvación y así cada día se encuentren en Tu presencia; que como hijo pueda experimentar tu plenitud y que a través de ellos otros puedan conocerlo y conocer la esperanza a la que han sido llamados a vivir.

CAPÍTULO VII

PAGANDO EL PRECIO Y CONFIANDO EN SU PLAN

Darle mi vida a Jesús, más que parecer tener que pagar un precio por seguirlo, es haber ganado la vida. De mi corazón nace una canción nueva al haber conocido Su camino.

Al inicio compartía que hubo un momento en el que Dios habló a mi corazón, mencionando haberle pedido intervenir en mi vida. «Me pediste que te sacará y te saque, no más esclavitud»; no recordaba con exactitud a qué momento se refería, pero tiempo después recordé que, si había clamado para que Él me ayudara, no solo a mí, también a mi familia, tampoco imaginé lo que ese clamor provocaría, solo sabía que lo necesitaba y quería ver que algo cambiara.

Mirando atrás, hoy sé que aunque pasemos por dificultades hay algo poderoso de Dios que se produce en nuestras vidas; es cierto que en este mundo podemos tener aflicción, pero con seguridad tenemos la certeza de que Dios no está lejos, y que siempre está esperando que nuestro corazón invoque su nombre.

Mi desierto fue el escenario que preparó el camino al proceso por el que Dios me ha ido llevando. Nuestras oraciones producen respuestas de parte de Dios que no siempre serán respondidas de la manera en que creemos o esperamos, pero que dentro de Su fidelidad Dios produce cambios y hace lo nuevo.

Pasar por valles y pruebas, permitió que yo pudiera ser preparada para todo lo que Dios ha determinado para mi vida, aun cuando Él mismo ha permitido que yo pase por algunas pruebas, esos momentos, Él los usó para ensanchar mi fe y aumentar mi crecimiento, pero es más hermoso aún ver como Él también es quien me ha sostenido.

Santiago 1:2-4 dice: «Tened por sumo gozo, hermanos míos, el que os halléis en diversas pruebas, sabiendo que la prueba de vuestra fe produce paciencia, y que la paciencia tenga su perfecto resultado, para que seáis perfectos y completos, sin que os falte nada.»

Todos estos años he visto como su bondad y fidelidad no me ha dejado y como me ha llevado a vivir algo nuevo en cada temporada, digo temporada, porque he conocido que lo que Dios hace hoy en nuestras vidas nos prepara para lo próximo que ha de traer.

DENTRO DE SUS PLANES ME ENCONTRABA YO

Jeremías 29:11 dice: «Porque yo sé los planes que tengo para ti, dice el Señor planes de bien no de mal para darles un futuro y una esperanza.»

Este versículo habla de una promesa dada por Dios al pueblo de Judá, pueblo judío que se encontraba cautivo en Babilonia por su infidelidad a Dios. Jeremías, profeta de Dios se dirigió a ellos a través de una carta en la que les decía que, si ellos le buscaban de corazón, Él los regresaría a Jerusalén, de vuelta a casa, aún y después de ellos estar cautivos por 70 años. Dios le da una promesa a un pueblo que por su rebeldía vivía una crisis que parecía sin salida y solución. Dios puede hablar a nuestras vidas en medio de lo que puede parecer destruirse o sin esperanza.

Dios tiene un futuro y una esperanza para todo aquel que le ama y busca, que se deja guiar y así pueda vivir Su plan. Dios nos conoce y tiene buenos planes para nosotros, Él siempre está soberanamente dirigiendo nuestras vidas. Dios ve nuestro futuro antes de que se convierta en nuestro presente, Él mira nuestras vidas desde el principio y Él ya conoce el final de todo lo que ha de ser.

No todo ha sido fácil, ni como yo pensaba que sería, en el momento en que entramos en Su realidad nuestra vieja realidad comienza a ser iluminada por la Luz de Cristo y es allí donde podemos experimentar ser sacudidos, pero en cada paso vi como cada experiencia, dificultad y oportunidad se convertía en un escenario perfecto para conocerlo más y para Dios formar en mí lo necesario para ese futuro que ya planeó.

En el camino aprendí a vivir en el hoy para construir el mañana, como también a disfrutar y valorar cada proceso y cada temporada, pero eso no lo aprendí de una vez, por mucho tiempo viví en ansiedad queriendo vivir en mi futuro, ahogada en el presente, me imagino que igual a ese pueblo judío, queriendo verse libre de opresión y que las cosas sucedieran como ellos querían que fuera sin entender todo el plan de Dios.

El plan de Dios no siempre es como pensamos que será, pero Su Plan siempre es mejor, aun no lo entendamos en el momento. Aprendí a amar a Dios sin importar lo que tuviera o no, pero siempre confiada en su dirección.

Mateo 16:24 dice: «Entonces Jesús les dijo a sus seguidores: —Si alguien quiere ser mi seguidor, tiene que renunciar a sí mismo, aceptar la cruz que se le da y seguirme.»

El propósito de Dios es uno, y es el revelar Su vida al mundo y que vivamos en ella, dentro de ese propósito tiene un plan para cada vida el cual está totalmente ligado a Él, y conectado a personas y lugares que Él mismo va señalando. Siempre vamos a tener la oportunidad de elegir y decidir, pero nada se podrá comparar a lo que es elegir lo que Dios tiene para nosotros. Dentro de Su plan Dios tiene promesas para sus hijos, promesas que vamos viendo tomar forma a medida que vamos caminando con Él, lo que Dios habla a nuestras vidas no siempre se materializa como lo imaginamos, podemos tener una idea, pero ni el más sabio de los sabios puede imaginar todo lo que Dios ha de hacer.

VIVIENDO BAJO EL COMPROMISO DE SU PACTO

Dios es un Dios de pacto, en el momento que le digo que «sí» a Dios, empiezo a vivir todo lo que está dentro de su plan. Diciendo que «sí» a todo lo de Él, como también «no» a lo que no está dentro de ese plan. Esto requiere entrega, y confiar completamente en Su fidelidad.

Recuerdo que una vez preguntaba: «Señor, ¿cómo haré para que las cosas en mi vida funcionen?, ¿cómo ayudo a mi familia?» Y su respuesta fue: «Con un anillo». Dios me hablaba de compromiso, me dejaba entender que todo iba a depender de ese compromiso que hacemos con Él, simplemente porque no hay nada de una vida que no sea parte de Él, no solo eso, es bajo su dirección que vemos lo que necesita ser establecido.

En el momento en que le damos nuestra vida a Jesús, Dios hace pacto con sus hijos, un pacto en el que estamos comprometidos y unidos a Él. Jesús es ese pacto, Él dio su vida para ser sacrificio vivo y ser Él, el nuevo pacto de Dios con sus hijos. Nuestras vidas fueron compradas a precio de sangre, en el antiguo pacto el pueblo de Dios tenía que sacrificar un cordero sin manchas como ofrenda a Dios para poder ser limpiados, sanados y perfectos ante Dios; Jesús se convierte en el cordero inmolado sin mancha que derramó su sangre para redimirnos y llenarnos de su plenitud.

Éxodo 19:5-6 (NTV) dice: «Ahora bien, si me obedecen y cumplen mi pacto, ustedes serán mi tesoro especial entre todas las naciones de la tierra; porque toda la tierra me pertenece. Ustedes serán mi reino de sacerdotes, mi nación santa". Este es el mensaje que debes transmitir a los hijos de Israel».

Esto habla de ser especial tesoro de Dios, un tesoro que como piedras preciosas se distingue de todas las demás piedras, distinguida por su hermosura y su brillo. Dios quiere hacer de cada una de nuestras vidas Su especial tesoro, pero es imprescindible ser determinados y dejarnos procesar para poder vivir siendo su más preciado tesoro.

Dios nos lleva a un proceso de crecimiento y madurez en donde nuestra forma de pensar lo refleja a Él, lo que define nuestra forma de vivir, y al cambiar cómo pensamos cambia como vivimos y todo en nuestra vida cambia para bien. Es al amarlo con todo lo que somos que podemos decirle: «A tu manera, Dios», es aprender que si lo tenemos a Él ya hemos ganado, sin importar lo que se queda atrás o lo que falta por alcanzar. El que ha conocido el corazón de Dios sabe que cuando rendimos todo, Él nos encuentra con gran favor y cuidado, que Su fidelidad es grandemente vista.

Hacer Su voluntad no siempre será fácil o cómodo, ya que, para dar vida a los sueños de Dios en nosotros, necesitamos confiar y rendir nuestra voluntad a Él, ese ha sido el anhelo en el corazón del Padre desde el principio de la creación: llevarnos a experimentar una vida en Su presencia. Sin duda no hay nada que pueda hacer rebosar más un corazón que hacer la voluntad de Dios aun cuando nos cueste, esto es algo que necesitamos probar y vivirlo para entenderlo.

Desde que le di mi vida a Jesús no solo he podido experimentar su cuidado de una forma especial, sino que he podido ver su vida misma fluir en lo que Él hace a través de mí. Decidir cultivar una relación íntima con Él me ha llevado a experiencias que nunca imaginé vivir.

Dios hace toda una obra de restauración y sanidad en donde fortalece nuestro hombre interior, y nos prepara para abrazar y vivir Su plan. Somos grandemente impactados a medida que su presencia se hace tangible en nuestra vida diaria y la ajustamos al evangelio de Cristo, el cual es una fuerza vivificadora que nos transforma y nos lleva esa relación con Él. Somos transformados al ir creciendo en el conocimiento de Él y adquiriendo madurez espiritual. En cada experiencia en la que vemos a Dios moverse lo natural y lo sobrenatural se unen. Vemos cómo el amor de Dios nos lleva a crecer en toda incomodidad y adversidad, comenzamos a conocer que la adversidad es vencida desde nuestro interior aun cuando enfrentemos dificultades o retos en el exterior.

Jesús es sacrificio, ofrenda y resurrección. El mundo sigue todo lo que entiende, pero el mensaje es claro: todo se define al seguirlo a Él. Caminar con Jesús ha sido para mí una aventura. Me ha permitido vivir tantas experiencias y testimonios en donde he podido ver la bondad de Dios en mi vida y la de muchos.

Un día que me caí y sufrí una dislocación y fractura en mi tobillo izquierdo, necesitaba una cirugía. Recuerdo que días antes el Señor me decía constantemente que mantuviera mi fe, hasta el punto de que me preocupé. El día en que sufrí la caída, solo recuerdo decirle Señor:

—No me dejes en este momento.

De todo esto solo puedo dar testimonio del cuidado sobrenatural de Dios sobre mi vida y cómo por medio de la oración el Señor utilizó esta experiencia para mostrarme su sanidad. No necesité cirugía; igual y la hubiese necesitado sé que Él, es el Dios que está conmigo en los triunfos como en las dificultades, Él es el Dios que mueve los montes, que obra en la imposibilidad, pero también Él es quien nos acompaña y sostiene en medio de la dificultad. Parte de ese testimonio es como Dios además proveyó de mis necesidades financieras. Dios me sostuvo en medio de la crisis, así como sostuvo al pueblo de Israel con maná, alimento que descendía del cielo al ellos atravesar por el desierto.

Durante esas noches no dormía pensando si, a raíz de la fractura, podría sufrir alguna clase de complicación. Personas me preguntaban cómo era posible que no tuviera dolor con el tipo de fractura que había sufrido. Dios cuidaba mi sueño y le escuchaba decir que mi sanidad venía de Él.

Isaías 9:6 dice: «Porque nos ha nacido un niño, se nos ha concedido un hijo; la soberanía reposará sobre sus hombros, y se le darán estos nombres: consejero admirable, Dios fuerte, Padre eterno, Príncipe de paz».

Lo he podido conocer como consolador, consejero, sanador, aquel que defiende y guarda mi vida. Todo lo que pudiera escribir no hace justicia a mis experiencias con Dios.

YO SOY QUIEN GUARDÓ TU VIDA

En más de una ocasión he escuchado a Dios hablar a mi vida a través de Su Palabra en Salmos 121. Uno de mis testimonios es cómo en una de esas ocasiones, en la que después de haber sufrido la pérdida de mi primo, José, al que amaba como un hermano, un mes después de su partida tuve la oportunidad de visitar a su esposa, Aleyda, y sus niños, a raíz de un viaje que surgió sin planearlo, pero que sé que estaba en el corazón de Dios. Viajé con mi hija más pequeña y mi amiga, Scarlet, quien me había sugerido que hiciéramos un viaje para descansar. En ese momento me contactó mi mamá diciéndome que Aleyda y los niños necesitaban de nosotros. Al preparar todo, escuché el suave susurro de la voz de Dios decirme:

—Yo soy quien guardó sus vidas.

Esas palabras me inquietaron. Al volver a orar vino a mi corazón las siguientes palabras:

«Subiré mis ojos a los montes, mi ayuda viene del aquel que creó los cielos y la tierra.» (Salmos 121:1-2).

Salmos 121:4 dice: «¡¡No duerme el que te guarda!!» Al Dios hablar, debió haber sido suficiente para nosotras confiar que todo estaría bien, pero no fue así, por el contrario, me sentí inquieta por varios días hasta que por fin supe el motivo de mi inquietud: un huracán que amenazaba con afectar la zona hacia donde nos dirigimos. Inmediatamente, Scarlet y yo oramos no solo por la tormenta, sino también buscando la dirección de Dios, tratamos de decidir si debíamos viajar. Al seguir orando, sentí su susurro decirme: «Ten paz».

Un día temprano en la mañana me dirigía a mi trabajo en tren y en mi trayecto seguía orando por la tormenta, no solo por el viaje, sino por el daño que a su paso podía causar. Declaraba cielos despejados y soleados, en ese momento escuché al Espíritu de Dios decir:

—Consumado es.

Él estaba respondiendo mi oración. «Consumado es», significa que a través del sacrifico de Jesús en la cruz y el poder de su resurrección, Él hace todas las cosas posibles según sus designios. ¡¡Jesús dijo «hecho está»!! No hay nada que no esté en Su poder.

Al seguir la trayectoria del huracán Dorian —nombre muy curioso porque se parece al de una de mis hijas—, pudimos confirmar que se había desviado de la zona del caribe, específicamente República Dominicana que es hacia dónde nos dirigíamos. Viajamos el último fin de semana del mes de agosto del 2019. Al llegar pudimos disfrutar de un clima de sol radiante, nuestros corazones desbordan al ver a Aleyda y los niños. Durante toda la estadía, el cuidado y el favor de Dios fue evidente, como también el hecho de que Dios nos haya llevado a ese lugar para ser instrumento de amor y esperanza a una familia que en ese momento necesitaba aliento. Pudimos ver que ellos recobraron fuerzas, que, tomados de la mano de Dios, se levantaban y abrazaban la vida que Él producía en ellos.

Cuando nos mostramos fieles Dios nos confía las cosas de su corazón y crea en nosotros el anhelo de dar todo por aquel que dio su vida por nosotros. La realidad es que no hay nada especial en una persona que haga que Dios use su vida más o menos, todo está en entender que somos hijos grandemente amados, que no se trata de cuántos milagros Él haga a través de ti o de mí, sino que nuestras vidas sean el resultado de su vida y grandeza. Dios, con Su gracia y misericordia, tiene cuidado de sus hijos y actúa de acuerdo a Su propósito, hay algo diferente qué pasa cuando decidimos pagar el precio y encontrarnos dispuestos a colaborar con Él y decirle: «Te doy mi vida, Señor». No hay recompensa mayor que podamos recibir que el honor de ser instrumento en sus manos y cercanos a su corazón.

A raíz de la muerte de mi primo hermano, una de las cosas que Dios habló a mi corazón fue que la vida se nos va y no amamos lo suficiente, que nos perdemos en ofensas y en cosas que no tienen verdadero valor. Que tampoco vivimos haciendo Su voluntad y nos perdemos de tanto al no seguir Su voz y Su instrucción. La vida es un soplo en la que en un momento nacemos y de momento partimos, podemos partir de este mundo, pero es en ese momento si estamos en Cristo Jesús podemos encontrarnos ante la presencia del señor; pero mientras tenemos vida aquí en la tierra, el anhelo ardiente de nuestro corazón debe ser darle a Dios lo mejor, vivir, servir y adorarlo con la mayor excelencia, que cada respiro que Dios mismo nos da, sea para darle lo mejor a Él.

Salmos 90:12 dice: «Enséñanos de tal modo a contar nuestros días, que traigamos al corazón sabiduría».

Escuché una vez a mi pastor decir las siguientes palabras:

—Lo que todos quieren, pero pocos desean.

Refiriéndose a que muchos desean ser bendecidos y vivir

una vida plena, y en medio de esa búsqueda nos perdemos de entender que la plenitud misma viene de Dios, que la misma búsqueda del ser humano prosperar y ser bendecido es la búsqueda de Dios mismo. Que hay un precio que pagar y todo un proceso que vivir porque precisamente en la obediencia a Él es que se encuentra la verdadera bendición.

Parte de lo que he vivido y podido conocer, es que Dios es experto en usar el caos en una vida y hacer lo nuevo, inclusive Dios utiliza aquello que parece derrumbarse, con el fin de crear algo nuevo. Lo hermoso de Dios es que lo nuevo de Dios no es necesariamente lo que esperamos ver, sino lo nuevo que Él hace en nuestros corazones y que precisamente nos posiciona para lo nuevo de Él. Él no simplemente arregla lo que está dañado, su palabra lo dice; Él hace nuevas todas las cosas (Apocalipsis 21:5).

¡NO ESTÁS SOLA!

Fueron muchas las ocasiones que Dios habló a mi corazón de hija y en momentos específicos a mi corazón de madre, pero también a mi corazón de mujer diciendo "No estás sola". Me ayudó a entender que él estaba conmigo, al acostarme y al despertarme, que El suple mis necesidades y tiene perfecto cuidado de mí, que no tenía por qué haber en mí sentimientos de soledad. A medida que fui entregando a Dios áreas de mi corazón que tenía muy reservadas, Él fue haciendo una obra integral en mí. Es importante reconocer lo que hay en nuestro corazón y permitirle a Dios que Él pueda tocar esas áreas sabiendo que Él es más que suficiente.

Recuerdo a alguien llamarme «Julissa, el gozo de Dios», porque muchas de las cosas que yo he vivido es como para haber desistido y perder mis fuerzas; pero en la adversidad yo me he sostenido de Dios, el poder de Su redención ha estado sobre mi vida, no todo mundo puede entender lo profundo y lo especial de la redención de Dios sobre una vida. Él ha sido feroz y celoso; y cada amenaza que pude haber vivido, cada ataque del enemigo, Dios lo usó para bendecirme diez mil veces más. Mi vida ha sido milagro tras milagro, por ser hija de un padre que celosamente me hizo su posesión y como resultado de vivir una vida con un corazón rendido, no que lo haga yo todo perfecto, pero porque Él es quien me levanta, y hace que su reino se haga visible en mi vida, siendo Jesús mi milagro, siendo Jesús el que se hace perfecto en mi debilidad.

Filipenses 4:13 dice:
«Todo lo puedo en Cristo que me fortalece».

Cuando Dios exalta una vida lo hace simplemente porque se trata de Él y es inevitable que Su grandeza no sea vista en una vida que se rinde ante Él. Mi único deseo es que todo el que me conozca, a quien realmente conozca, sea el autor de la obra en mi vida, todo lo que yo pudiera vivir y lograr siempre será para su gloria, de eso se trata la vida, de ser vasos de honra y gloria para Dios.

Como lo dice el Apóstol Pablo en 2 Corintios 4:7-8: «Ahora tenemos esta luz que brilla en nuestro corazón, pero nosotros mismos somos como frágiles vasijas de barro que contienen este gran tesoro. Esto deja bien claro que nuestro gran poder proviene de Dios, no de nosotros mismos. Por todos lados nos presionan las dificultades, pero no nos aplastan. Estamos perplejos, pero no caemos en la desesperación. Somos perseguidos, pero nunca abandonados por Dios. Somos derribados, pero no destruidos».

LAS DIFICULTADES NOS PRESIONAN

Perplejos, confundidos, turbados y con incertidumbre, allí es donde se prueba de qué estamos hechos. El oro es uno de los metales más cotizados, pero para llegar a ser oro necesita pasar un proceso en donde tiene que pasar por el fuego y ser probado.

Nuestras vidas son parecidas a este proceso, para convertirse en algo valioso también necesitan pasar por el fuego para poder ser formadas y que lo que Dios hace en una vida pueda ser probado. Es en el fuego en donde Dios muestra su poder, se necesita que algo acontezca para ver su intervención y que pueda haber evidencia de su obra.

Un diamante también necesita pasar un proceso antes de ser esa piedra preciosa y de alto valor, un diamante pasa por un proceso de ser carbón que bajo condiciones de presión y temperatura extremas se transforma en una piedra preciosa. Así son nuestras vidas en las manos de Dios. No todo el mundo conoce la recompensa y la llenura que es vivir una vida en comunión con el Espíritu Santo, pero que sin importar el proceso que nos toque vivir podemos tener la certeza que Él es nuestro lugar más seguro y única fuente de vida. El Padre busca hijos que lo amen más que todo, esa es la clave de una vida bendecida, no por lo que tenemos, sino por a quién tenemos. He aprendido a contentarme en mis situaciones, tal y como lo hizo el apóstol Pablo, con tal de conocer a Cristo Jesús, porque ahí he podido conocer el amor y la vida.

¡TODO VA A ESTAR BIEN!

Una palabra que recibí en varias ocasiones fue «todo va a

estar bien». Una mañana camino a la congregación escuché a Dios decir:

—Todo va a estar bien.

Y esa misma mañana, mientras mi pastor predicaba por un momento hizo una pausa y hablándole a la congregación dijo, alguien necesita escuchar que Dios le dice:

—Todo va a estar bien.

Ese día también recibí los siguientes versículos:

«Y el que estaba sentado en el trono dijo: He aquí, yo hago nuevas todas las cosas. Y me dijo: Escribe; porque estas palabras son fieles y verdaderas. Y me dijo: Hecho está. Yo soy el Alfa y la Omega, el principio y el fin. Al que tuviere sed, yo le daré gratuitamente de la fuente del agua de la vida. El que venciere heredará todas las cosas, y yo seré su Dios, y él será mi hijo.» (Apocalipsis 21:5-7)

Recientemente tuve un sueño en donde me veía hablando con mi pastor y le decía que en ocasiones Dios me hablaba algunas cosas que se hablarían durante el servicio congregacional, y de cómo un día Dios puso en su corazón decir:

—Todo va a estar bien.

Sentí que Dios a través de este sueño me volvía a recordar las mismas palabras que mi pastor dijo tres años atrás durante esa mañana. Nosotros olvidamos, pero Dios no olvida, nosotros no podemos ver todo el plan de Dios, pero Él sí. Recordé que Dios viene diciéndome esas palabras desde el momento en que comienza a redirigir mi vida, no es solo para que yo sepa que todo estará bien, pero conociendo aquel a quien le di mi vida sé que esas palabras «todo va a estar bien» representan su fidelidad como también confiar en todo lo que todavía falta hacer.

Dios es fiel y desde el inicio me ha enseñado que su pacto es fiel sobre aquellos que deciden abrazar su vida. Fueron muchas las palabras de restauración que Dios ha dado a mi vida y sobre mi familia, ellos fueron el motor y el instrumento que Dios usó como parte de mi crecimiento y de formar su corazón en mi, en innumerables ocasiones me ha dejado saber que él tiene cuidado de los míos, aun cuando ellos no entiendan todo lo que Dios hace; como me dijo una vez

—Yo enseño a tus hijos.

Como dice el salmista hablando acerca de los mandatos de Dios:

«Las enseñanzas del Señor son perfectas,
reavivan el alma.
Los decretos del Señor son confiables,
hacen sabio al sencillo.
Los mandamientos del Señor son rectos;
traen alegría al corazón.
Los mandatos del Señor son claros;
dan buena percepción para vivir.
La reverencia al Señor es pura,
permanece para siempre.
Las leyes del Señor son verdaderas,
cada una de ellas es imparcial.» Salmos 19:7–9 (NTV)

Estos son los adjetivos que definen las ordenanzas de Dios:

- Perfectas,
- Confiables,
- Rectas,
- Claras,
- Pura,
- Verdadera.

Y los resultados que la Palabra de Dios traen a nuestras vidas:

- Hacen sabio al sencillo,
- Traen alegría al corazón,
- y dan buena percepción para vivir.

Durante todo mi proceso y al ser parte activa en el ministerio he visto cómo Dios ha utilizado mis funciones ministeriales para el desarrollo de mi carácter y crecimiento, ser parte activa nos ayuda a un constante crecer y a llevar su vida de manera más efectiva. Después de unos años fui guiada a ser parte del equipo de adoración en mi congregación. Desde niña había desarrollado una pasión por el canto, uno de mis más preciados sueños, lo curioso es que si hubiera sido por talento o pasión yo hubiera elegido estar en ese equipo desde que empecé a congregarme; pero no fue así, siempre me cuestionaba por qué nunca me había inclinado a ser parte del equipo de adoración aun cuando en cada servicio yo me deleitaba durante ese tiempo.

No fue hasta que Dios me guió a audicionar que entendí que durante todos los años anteriores Él estuvo preparándome y formando su corazón en mí, mantuvo mi enfoque en todo lo demás en lo que me desarrollaba, y en el momento indicado llevarme a ser esa una de las áreas en la que también le estaría sirviendo a Él. Para Dios cada anhelo de nuestro corazón es importante, entendiendo lo hermoso y poderoso que es adorar. El adorar a Dios es adorarlo con nuestra vida misma. Dios tiene tantos sueños hermosos en su corazón para con nosotros. Él no solo quiere ser invocado en nuestra necesidad. Él se deleita al crear con sus hijos, en tiempos de intimidad Él disfruta cuando disfrutamos de su compañía, como también él nos acompaña en todo lo que hacemos día a día, cada momento Él lo vive con nosotros.

Eclesiastés 3:1 dice: «Todo tiene su tiempo, y todo lo que se quiere debajo del cielo tiene su hora.»

Todo tiene su momento y su hora, tiempo para nacer, crear, tiempo para reír, para soñar, tiempo para llorar, para amar. Dios habita la eternidad, Él es eterno y hace del tiempo un diseño desde el cielo, en donde Él interviene en la vida del hombre y se manifiesta en la tierra de una manera sobrenatural y poderosa.

En mi caminar con Dios, Él irrumpió en medio de situaciones ajenas, como es el caso de Yolanda, una mujer que yo no conocía, pero Dios sí. Un día me encontraba hablando con una amiga y en medio de nuestra conversación tuve una visión en la que veía una mujer acostada en una cama con su cabeza de lado, arropada poco más arriba de la cintura. Me vi entrar a su habitación y decirle: «Levántate», y vi cómo respondía moviendo la sábana a un lado y se paraba. Reconocimos que se trataba de una mujer que había sufrido un derrame cerebral y a la que mi amiga había visitado en el hospital. Sabía que Dios me enviaba a orar por ella, por lo que contactamos unos familiares para ir a verla. Al llegar al hospital, entré y vi a Yolanda acostada —como el Señor me mostró—, pero en un estado más crítico del que pensé; no tenía control ni dominio de su cuerpo y estaba temblando debido a su condición cerebral. Se encontraba sola, por lo que esperé unos minutos por un familiar, luego entró el esposo y me presenté, le pedí orar por ella, y declaré que se levantaba y era sana. Solo hice exactamente lo que recibí de parte de Dios. Días después supe que Yolanda pudo sentarse y que los médicos estaban sorprendidos. Sé que el corazón del Padre era derramar su bondad sobre la vida de Yolanda, como también la de su esposo, para que él pudiera conocer el amor y el cuidado de Dios. Dentro de todos los milagros que Dios pudiera hacer en nuestras vidas, la salvación es el milagro mas preciado que podemos recibir porque la salvación es recibir a Jesús como nuestro salvador y empieza aquí en la vida que vivimos hoy, de eso se trata la vida y la vida eterna.

Es mi corazón que, al conocer más de Dios, decidas que vale la pena seguir avanzando en todo lo que Dios tiene para ti, que es aún más grande que nosotros mismos, que siempre puedas recordar que no hay nada imposible para Él.

He visto a Dios obrar algo grande ante nuestros ojos, como también en tener cuidado de alguien en lo que puede parecer algo sencillo. Un día en el que no me sentía bien al llegar a mi trabajo pensé que un desayuno quizás me hubiera ayudado a sentirme mejor, pero por llegar a tiempo no pude parar a buscarlo, una compañera sin saber nada se acerca a mí y me ofrece lo que yo no esperaba, un desayuno, hablo de una persona que nunca se había acercado a mí a ofrecerme nada.

Dios es bueno sobremanera en todo tiempo, Su bondad no es determinada por el hecho de que recibamos el milagro que estemos esperando, sea que entendamos o no, tampoco eso nos debe limitar de venir a Él y pedirle, Él es un padre bueno. La oración es la vía que Dios usa para derramar su bondad y revelar su vida, la comunión con Él nos mantiene unidos a Él.

1 Corintios 2:9 está escrito: «Cosas que ojo no vio, ni oído oyó, Ni han entrado al corazón del hombre, son las cosas que Dios ha preparado para los que le aman.»

Mi corazón arde porque nadie se quede sin conocer, vivir y despertar a todo lo que encierra la realidad espiritual a la que Dios nos llama. A vivir y experimentar la realidad y el amor de un Padre que sueña con nuestras vidas y anhela que nuestra oración sea querer más de Él cada día. Hijos que puedan verse viviendo en la plenitud del que los creó y que caminan bajo Su gracia. Que, así como yo he recibido la promesa de Isaías 55:9-13, así también la recibas tú:

«Pues, así como los cielos están más altos que la tierra, así mis caminos están más altos que sus caminos y mis pensamientos, más altos que sus pensamientos. La lluvia y la nieve descienden de los cielos y quedan en el suelo para regar la tierra. Hacen crecer el grano, y producen semillas para el agricultor y pan para el hambriento. Lo mismo sucede con mi palabra. La envío y siempre produce fruto; logrará todo lo que yo quiero, y prosperará en todos los lugares donde yo la envíe. Ustedes vivirán con gozo y paz. Los montes y las colinas se pondrán a cantar y los árboles de los campos aplaudirán. Donde antes había espinos, crecerán cipreses; donde crecía la ortiga, brotarán mirtos. Estas cosas le darán gran honra al nombre del Señor; serán una señal perpetua de su poder y de su amor».

MEDITA CONMIGO:

Es mi oración que la llama del amor de Dios sea avivada en tu vida, sin importar qué tanto o qué tan poco le has conocido, que puedas alcanzar las promesas que tiene para ti. Que tu corazón se encuentre en lo más íntimo del suyo, que, así como yo, vivas bajo la promesa de que Su Palabra no retorna vacía en tu vida y que Él, que es conocedor de todas las cosas cumpla Su propósito en ti; que puedas depender totalmente de aquel que es quien da la victoria en Su momento.

NOTAS

ACERCA DE LA AUTORA

Julissa Imbert tiene una carrera de más de 20 años en el área de *Labor Management Unión*. Ella trabaja en la ciudad de New York en una compañía donde se desempeña como administradora de cuentas. Lidera a un grupo de mujeres solteras en su iglesia local donde también desempeña una labor en el ministerio de Adoración y alabanza y la intercesión.

Ella es graduada de la *Academia Escribe y Publica Tu Pasión* y es líder de la *Comunidad Mujer Valiosa* en el área de sanidad interior. Ella vive en la ciudad de New York junto a su familia.

Para más información y contacto escribe a:

Facebook: @Julissaimbertoficial
Instagram: @Julissaimbert.ev
Página de internet: www.julissaimbert.com
Correo electrónico: Julissaimbert.ev@gmail.com

NOTAS

Soy valiosa.

Soy una hija de Dios

"Yo soy valiosa en el corazón de Dios".

Rebeca Segebre

Únete a la comunidad

Mujer Valiosa

Aquí encontrarás recursos gratis, conferencias, capacitaciones, libros, oración, amigas de todas partes del mundo y seminarios impartidos por un grupo especial de mujeres líderes en el ministerio, conferencistas y autoras reconocidas en el mundo hispano.

www.MujerValiosa.org

www.ingramcontent.com/pod-product-compliance
Lightning Source LLC
Chambersburg PA
CBHW070121100426
42744CB00010B/1889